Sergio Bambaren

Lebe deine Träume!

Sergio Bambaren

Lebe deine Träume!

Der Weg zu einem wahrhaft glücklichen Leben

Die Reise meines Lebens;
wie ich den wahren Sinn und Zweck
meines Lebens entdeckte,
mein wahres Glück
und meine Träume

Giger Verlag

4. Auflage 2017

Giger Verlag GmbH, CH-8852 Altendorf
Telefon 0041 55 442 68 48
www.gigerverlag.ch
Lektorat: Monika Rohde
Umschlaggestaltung:
Hauptmann & Kompanie Werbeagentur, Zürich
Fotos auf dem Umschlag und auf Seite 166 von Ecaterina Leconte
Satz: Roland Poferl Print-Design, Köln
Druck und Bindung: GGP Media GmbH, Pößneck
Printed in Germany

ISBN 978-3-906872-02-5

Inhalt

Einleitung 9

KAPITEL 01: Haben oder Sein? 19
KAPITEL 02: Der Sinn der westlichen Gesellschaft 27
KAPITEL 03: Mythos Geld 39
KAPITEL 04: Was er hat, muss ich auch haben! 47
KAPITEL 05: Lebe dein Leben 57
KAPITEL 06: Ich habe nicht genug Geld 65
KAPITEL 07: Erobere dein Leben zurück! 75
KAPITEL 08: Achtsamkeit 87
KAPITEL 09: Du bist wichtig 95
KAPITEL 10: Lebens-Zeit 103
KAPITEL 11: Drei Dinge fürs Leben 115
KAPITEL 12: Geben ist wichtiger als Nehmen 129
KAPITEL 13: Der Schlüssel zum Glück 135
KAPITEL 14: Leben mit der Natur 143
KAPITEL 15: Das Beste steht dir noch bevor 153

Epilog: Ein paar abschließende Worte 161
Über den Autor 167
Bibliografie 169

Dem Träumer,
der in jedem von uns
wohnt.

Einleitung

Ich hoffe, dass die folgenden Worte genau die richtigen für dich sind, denn wirklich glücklich zu sein, ist eine Entscheidung des Herzens. Falls du einer der wenigen Glücklichen bist, der sich ganz sicher ist, dass er das Leben lebt, das er schon immer leben wollte, sein eigenes wahres Leben, so wie du es dir seit deiner Kindheit immer gewünscht hast, dann werden sich das ganze Universum und ein einfacher Mensch wie ich, wirklich mit dir darüber freuen.

Oder bist du einer von diesen freundlichen, sanften Menschen, der das Gefühl hat, dass irgendetwas in seinem Leben nicht stimmt – unabhängig davon, wie viel Geld du verdienst, wie groß dein Haus ist, und obwohl deine Freunde und Kollegen dich bewundern? Fühlst du manchmal eine Leere, die durch die Dinge, für die du so hart gearbeitet hast und von denen du glaubtest, dass sie dich glücklich machen würden, nicht ausgefüllt werden kann? Wenn diese tiefe Leere anhält, wenn du jemand bist, für den das Leben so einfach war als Kind, wenn du – fast ohne es zu bemerken – plötzlich feststellst, dass du erwachsen bist, und dich in der alltäglichen Routine verloren fühlst und feststellst, dass du dich, je härter du arbeitest, dich umso weiter von deinem inneren Kind entfernt fühlst, hast du dir dann, während du zur Hauptverkehrszeit vielleicht mitten auf der Autobahn fuhrst, schon einmal eine der folgenden Fragen gestellt?

Wann hat alles angefangen, so kompliziert zu sein?

Wann haben die Dinge aufgehört, schwarz oder weiß zu sein, und wann hat das eintönige Grau angefangen, dich zu verwirren?

Wann hast du festgestellt, dass die Tage für all die Dinge, die du hättest tun sollen, nicht lang genug sind?

Wann war der letzte Tag, an den du dich erinnern kannst, an dem du dein Leben genossen hast?

Seit wann fühlte sich dein Leben plötzlich wie Routine an, und seit wann war das Gestern so wie das Heute, und wird das Morgen möglicherweise genauso verlaufen?

Wann hast du dein wahres Glücklichsein verloren?

Wenn irgendeine dieser Fragen dich im Herzen berührt hat, dich unsicher macht; wenn du wirklich aufhören möchtest, dich selbst anzulügen, und wenn du das Lächeln wieder gewinnen möchtest, das nur Kinder haben – so, wie du es auch einmal hattest –, dann solltest du dieses Buch lesen. Es wurde für Kinder vom achten bis zu ihrem einhundertsten Lebensjahr geschrieben.

Würdest du jeden Tag deines Lebens gern mit dem Gefühl leben, dass alles sinnvoll ist, und voller Dankbarkeit sein – für alles, was du hast? Möchtest du dich selbst gern so lieben, wie du bist – ohne einen Gedanken daran, was andere denken oder sagen? Bist du bereit, noch einmal anzufangen, und für dich und andere ein Lied der Freude aus deinem Leben zu machen, in dem Geld nicht so wichtig ist, wie man dich zu glauben lehrte? Möchtest du die wahre Bedeutung und Mission deines Lebens, deines Glücks und deiner Träume noch einmal entdecken?

Wenn du das möchtest, und wenn du das Gefühl hast, dass der Stress, die Leere und das Bedauern zu stark sind, um einfach so weitermachen zu können, dann nimm dieses Buch an einen Ort mit, den du immer geliebt hast, in eine Ecke der Welt, in die du dich flüchten kannst. Dein Versteck ist vielleicht ein Strand am Meer, der Schatten eines großen Baumes im Wald oder sogar ein Plätzchen in deinem Zuhause, das du sehr liebst. Setze dich jetzt allein und bequem hin und schließe deine Augen. Versuche, deinen Geist zu leeren. Jetzt brauchst du nur noch deinem Herzschlag zu lauschen. Atme sanft, bis du fühlst, was heitere Gelassenheit ist: Ruhe, Ausgeglichenheit und Frieden.

Nun habe ich noch eine letzte Bitte an dich: Öffne dich für eine Imagination aus deiner Kindheit, für deine schönste Erinnerung, für den Moment, in dem du so glücklich und frei warst, dass du dir wünschtest, diesen Moment für immer festhalten zu können. Pflanze diesen glücklichen Moment in dein Herz ein, und zwar für immer, sodass, was auch immer von jetzt an geschieht, du weißt, dass das Kind, das du einmal warst und das immer noch in dir lebt, immer bei dir sein wird. Immer! Und, nur um sicherzustellen, dass du dich von diesem Moment an nicht mehr einsam oder leer fühlen wirst, suche dir etwas aus, einen Ring, ein Armband, ein kleines Tattoo, irgendetwas, das du zu jeder Zeit des Tages sehen oder anfassen kannst, das dich an diesen magischen Moment erinnern wird, und damit auch an die wahre Essenz, die du wirklich bist.

Wenn du dich für ein Tattoo entscheidest, dann mach dir nicht allzu viel Sorgen dazu. Denn früher oder später wirst du es nicht mehr brauchen. Dann wird dein Leben ein ununterbrochener Fluss von Glück und Erfüllung sein, unabhängig davon, was um dich herum geschieht.

Jetzt sind wir beide bereit, die wundervollste Reise des Lebens anzutreten. Du wirst, wenn du das möchtest, mit einem wahrhaftigen und bescheidenen Träumer Hand in Hand gehen, mit einem einfachen Menschen, der sich vor langer Zeit entschieden hat, niemals wieder auf den Lärm der Regeln der Gesellschaft zu hören; der sich entschieden hat, nur auf die Stimme seines Herzens zu hören.

Es ist ein Mensch, der immer noch spielt wie ein Kind, obwohl sein chronologisches Alter nach den Normen der Gesellschaft vielleicht schon 55 Jahre beträgt. In seinen jungen Jahren entschied und verstand dieser Mann, dass der Lärm aus der Welt um ihn herum nichts mit der Musik zu schaffen hatte, die ihm sein Herz zuflüsterte. Es war jemand, der schließlich erkannte, dass er, indem er der Stimme seines Herzens folgte und nicht auf die Masse hörte, oder was die

Gesellschaft ihn glauben machen wollte, ein Lied der Freude aus seinem Leben machen konnte.

Er war ein einfacher Mann, der wie jeder andere viele Male stolperte und fiel, jedoch niemals aufgab. Aufzugeben war keine Option. Also ließ er seinen Gedanken entsprechende Handlungen folgen, um seine Träume wahr werden zu lassen. Nicht den Träumen, die ihm die Gesellschaft einsuggerierte, zu folgen, sondern denjenigen, die direkt aus der Stimme seines Herzens erklangen. Er war ein Mann, der seit seiner Kindheit wahrhaft glücklich war und im späteren Leben den wahren Sinn seiner Aufgabe hier auf Erden erkannte.

*

Dieser Träumer ist auf der Suche nach der perfekten Welle drei Mal um die Welt gereist. Er wurde als Soul-Surfer geboren und hatte das Glück, die Welt mit eigenen Augen zu sehen, und nicht durch die Brille der Nachrichten oder des Fernsehens. Er besuchte fast alle Länder, die auf diesem wunderschönen Planeten existieren, und entdeckte, worum es in der Welt wirklich geht.

Manchmal brachte er sich selbst in sehr gefährliche Situationen, denn er erlaubte anderen Menschen nicht, ihn zu lehren, Angst vor der Angst selbst zu haben. Er fühlte sich niemals geschlagen. Er konnte einen Kampf verlieren, doch er wusste immer, dass er, solange er seinen eigenen Prinzipien treu blieb und auf die innere Stimme hörte, die aus der Tiefe seiner Seele sprach, sich nie verlieren würde. Er brauchte seinen Kampf nicht mit Gewehren oder anderen Waffen zu kämpfen, sondern nur mit dem Herzen eines erwachsenen Kindes. Das ist ein Kampf, den viele Menschen im Alltag von Tag zu Tag ein Leben lang kämpfen müssen, ein Kampf gegen Vorurteile und Lügen, die von einer verwesenden Gesellschaft, die sich verändern muss, wenn sie überleben möchte, diktiert wird.

Wir leben in einer Welt, in der wir überall immer noch Schönheit und Weisheit finden können, wenn wir uns für neue Ideen und Gedanken öffnen. Niemand besitzt die ganze Wahrheit. Außerdem wird niemand je in der Lage sein, das Licht der Weisheit und der Wahrheit am weit entfernten Horizont zu berühren. Wenn wir jedoch verstehen, dass wir bis zum Ende unseres Lebens einen Tag nach dem anderen leben können, dann können wir dem wahren Licht sehr nahekommen.

Dieser Träumer kann euch in aller Demut sagen, dass er sich so fühlt, als ob er innerhalb seines Lebens bereits hundert Leben gelebt hätte. Er ist jemand, der, als er 34 Jahre alt war und eines Nachts am Strand des von ihm so sehr geliebten Meeres saß, mit einem vollkommen offenen Herzen und einem wahren Lächeln sagen konnte:

Mehr wünsche ich mir nicht …

Mehr brauche ich nicht …

Seit diesem Tag hat er das Gefühl, dass jeder neue Tag seines Lebens ein Geschenk des Universums ist. Er ist ein Mensch, der akzeptiert hat, dass zu sterben genauso natürlich ist, wie geboren zu werden. Daher hat er sein Leben voll auskosten können, ohne Angst vor der Angst selbst zu haben.

Für den Menschen, von dem hier die Rede ist, hat das Wort »unmöglich« niemals existiert und es wird für ihn niemals existieren. Er ist jemand, für den glücklich zu sein eine Kunst ist, die von den Entscheidungen abhängt, die wir im Laufe eines Lebens treffen.

*

Wenn du bis hierher gelesen hast und entdeckst, das du ähnlich fühlst, wie ich einmal gefühlt habe, dass das Alter nur eine Entschuldigung ist, und dass es nie zu spät ist, eine positive Veränderung vorzunehmen. Wenn du bereit bist, aus dem »Käfig« auszubrechen, in dem die großen Unternehmen und die Gierigen dieser Welt dich gern für immer festhalten möchten. Dann würde ich dich gern einladen, mich auf einer unglaublichen Reise zu begleiten, auf der du die nötige Unterstützung bekommen wirst, die du brauchst, um deine Bestimmung zu erfüllen und die Kontrolle über deine Träume für diese erstaunliche Reise, die wir Leben nennen, wieder zu übernehmen. *Wenn du das möchtest.*

Wenn du dann wieder an dein wahres Selbst glaubst und diese Reise der Erleuchtung antrittst, dann wirst du eines Tages, an dem du es am allerwenigsten erwartest, dich auch in einen wahren Träumer verwandelt haben. Und in dem Moment, in dem du die Welt endlich mit eigenen Augen siehst und nicht mit denen irgendeines anderen Menschen, dann wirst du, was du dann siehst, mit größter Wahrscheinlichkeit lieben …

Das ist ein Versprechen, das ich halten kann, mein seelenverwandter Freund: Alles Übrige liegt bei dir.

Also, warum beginnen wir nicht damit, heute mal nicht ins Büro zu gehen? Mach eine Pause! Du verdienst sie! Dies ist dein Leben. Glaube mir, die Welt wird überleben, ohne dass du Teil dieses ganzen Theaters bist!

KAPITEL 1

Haben oder Sein?

*

In einem gut gelebten Leben
geht es nicht so sehr darum, was wir haben,
sondern darum, wie glücklich wir sind.

Niemals werde ich den Tag vergessen, an dem ich mich vor vielen Jahren mit meiner Schwägerin in einem gemütlichen Restaurant in der Stadt zum Essen traf.

Ich war 20 Jahre alt und hatte meine Karriere in der Chemieindustrie bei der Texas A & M in den Vereinigten Staaten soeben beendet. Ich war nach Lima, Peru, zurückgegangen, in diese vom Meer geküsste Stadt, die ich so liebte. Lima ist der Ort, an dem ich meine Augen öffnete und an dem ich den ersten Atemzug auf dieser wundervolle Reise nahm, die wir Leben nennen. Dies ist der Ort, an dem ich den Ozean entdeckte, da unser Haus direkt an der Strandpromenade stand. Vom Fenster meines Zimmers aus konnte ich die Wellen und die Delfine beobachten, die mich in einen Soul-Surfer und Träumer verwandelt haben, und später im Leben in vieles mehr, das ich mir damals noch nicht vorstellen konnte …

Obwohl meine Schwägerin und ich ganz unterschiedliche Vorstellungen davon haben, worum es im Leben ging, war es mir immer eine Freude, mit ihr zu reden. Sie ist eine intelligente Frau und auch für Ideen offen, die nicht unbedingt mit ihren eigenen übereinstimmen.

Verheiratet war sie mit meinem älteren und einzigartigen Bruder. Sie waren in einer großartigen, finanziellen Situation, hatten zwei wundervolle Kinder und all die materiellen Besitztümer, von denen ein Mensch nur träumen kann.

Es hat mich immer wieder erstaunt, wie zwei Brüder, die von denselben Eltern geboren worden waren, so unterschiedlich denken konnten. Er war ein Jahr älter als ich. Mein Bruder Carlos und ich gingen in die gleiche Privatschule und zu Hause genossen wir dieselbe Erziehung. Wir hatten zwei wundervolle Eltern. Mein Vater war Psychiater und Philosoph und meine Mutter hatte ein großes Herz in einem wunderschönen, schlanken Körper. Sie lehrte uns, dass es das Wichtigste im Leben sei, ein Mensch mit Prinzipien zu werden und sich selbst treu zu bleiben; jemand, der es vorzieht zu geben, anstatt zu nehmen, ein Mensch, der es liebt, anderen zu helfen, anstatt um Hilfe zu bitten.

*

Wie ich schon sagte, ich bin als Träumer geboren … doch mein Bruder stand mit beiden Füßen fest auf der Erde.

Er wollte immer reich sein, finanziell angesehen, eine schöne Frau heiraten, was er auch getan hat, und viel Geld besitzen. Ich dagegen war ein Mensch, der sich nie viele Gedanken um materiellen Besitz gemacht hat. Ich war ein engagierter Soul-Surfer und segelte auf einem Wall sich bewegenden Wassers. Von Delfinen umgeben zu sein, machte mich glücklicher als irgendetwas anderes. Der Natur und meinen guten Freunden nahe zu sein, zu machen, was ich liebte, war für mich mehr als genug, um wahrhaft glücklich zu sein.

*

»Sergio?«

»Sergio!«

»Entschuldige, Rosemarie«, sagte ich. »Ich habe gerade über etwas nachgedacht.«

Meine Schwägerin lächelte. »Oh Sergio, immer denkst du, immer träumst du. Was willst du bloß aus deinem Leben machen?«

Ich starrte sie an. Sie war wunderschön angezogen, trug, was der letzte Schrei der Modeindustrie diktierte. Dazu ein Armband und Ohrringe aus 18-karätigem Gold. Ihr teures Auto parkte ein paar Straßen vom Restaurant entfernt. Ihre Patek-Philippe-Uhr und ihr glänzendes Aussehen verhüllten sie komplett, während mein Bruder Tag für Tag zehn Stunden arbeitete, etwas, das ihr ziemlich gleichgültig war. Er war ein Workaholic. Er liebte es, Geld zu verdienen.

Ich habe ihn niemals wirklich verstanden. Doch er war mein einziger Bruder, also liebte ich ihn so, wie er war.

Was ich an meiner Schwägerin niemals verstehen konnte, war nicht die Tatsache, dass sie es liebte, sich so zu kleiden. Nein, es ist nichts falsch daran, ein großes Auto zu fahren, wenn du Autos liebst. Es ist nicht falsch, schönen Schmuck zu tragen, wenn du Schmuck liebst. Was ich in ihrem Fall nicht verstand, war die Tatsache, dass sie sich allen anderen überlegen fühlte, nur weil sie all diese Dinge trug. Man könnte meinen, dass sie ihren Körper mit diesen Modefreuden bedecken musste, um sich sicher zu fühlen, und die Unsicherheit zu verstecken, die sich zeigen würde, wenn sie das nicht täte.

»Also, was möchtest du aus deinem Leben machen?«, fragte sie nach.

Ich erinnere mich noch heute an jedes einzelne Wort, das direkt aus meinem Herzen kam, ohne nachzudenken: »Ich weiß es immer noch nicht, was ich in diesem Leben machen werde«, antwortete ich. »Doch etwas weiß ich mit Sicherheit.«

»Und was ist das?«, fragte sie.

Ich starrte sie an und sagte:

»Ich weiß genau, was ich nicht machen werde in meinem Leben.«

*

Wenn ich jetzt, 30 Jahre später, daran zurückdenke, dann weiß ich, dass mir in dem Moment zum ersten Mal bewusst wurde, dass die Reise der Entfaltung meines Lebens begonnen hatte. Es gab einen Traum, dem ich seit meiner Kindheit gefolgt bin, ohne es selbst zu bemerken. Ich erkannte, dass das Leben eines jeden Menschen einen bestimmten Sinn hat, und dass es keinen Grund gibt, kein wunderschönes und erfüllendes Leben zu führen. Wenn wir nur bereit sind, die kristallenen Mauern der Gesellschaft, in die wir geboren wurden und mit der wir konfrontiert sind, zu durchbrechen und den entsprechend starken Druck zu ignorieren, um zu vermeiden, ein Teil der Meute zu werden. Dann können wir das Leben führen, um dessentwillen wir in diese Welt gekommen sind und eine bessere Welt für uns alle erschaffen.

Daher bitte ich dich, mir die Freiheit zu schenken, dich sehr direkt etwas zu fragen. Bitte sei jetzt absolut ehrlich mit dir selbst und fühle um der Antwort willen in dein Herz, deine Seele und deinen Geist.

Lebst du ein Leben, bei dem du das Gefühl hast, dass es wahrhaft von Bedeutung ist? Ist es das Leben, das du schon immer leben wolltest?

Lebst du ein Leben, das sich leer anfühlt? Ist es so, dass egal wie viel materiellen Besitz du hast, dieses Gefühl der Leere nicht vergeht?

Wachst du jeden Morgen mit einem Lächeln in deinem Gesicht auf? Hast du dann das Gefühl, dass der Tag, der auf dich wartet, ein Abenteuer ist, das es wert ist, gelebt zu werden? Oder wachst du auf, weil du aufwachen musst?

Wachst du jeden Morgen mit dem Gefühl auf, dass du deine Arbeit hasst?

Hast du das Gefühl, dass dein Leben eine endlose Routine ist, und dass du nur genauso lebst wie alle anderen auch?

Hast du das Gefühl, dass es tief in dir eine innere Stimme gibt, die sich danach sehnt, dass du etwas dafür tust, um das Lächeln zurückzugewinnen, das du als Kind hattest? Ist da diese Stimme, die dich darauf hinweist, dass dir etwas nicht behagt?

Wir können alle Menschen anlügen, aber nicht uns selbst, jedenfalls nicht immer. Wir können das Leben, so wie wir es gegenwärtig leben, weiterhin beibehalten. Doch wenn wir morgens nicht mit einem Lächeln im Gesicht aufwachen, wenn wir unseren Job hassen, wenn die Leere, die wir fühlen, nicht weggeht, dann muss ich sagen …

Es wird Zeit, etwas zu tun.
Es wird Zeit aufzuwachen.
Steh auf!
Alle Mann an Deck. Das ist kein Drill.
Die Zukunft unseres Lebens und unserer Träume steht auf dem Spiel!

KAPITEL 2

Der Sinn der westlichen Gesellschaft

Erkenne tief in deinem Herzen, dass das Leben
von Millionen unserer Mitmenschen
von nur wenigen bestimmt wird

*

Wenn der Sinn der Wirtschaft der ist,
die Menschen mit den Dingen zu versorgen,
die sie brauchen, dann hat das gesamte,
globale, kapitalistische System
auf der ganzen Linie versagt.

Wie die meisten von euch wurde ich in eine westliche Gesellschaft geboren, die uns ständig erzählt, dass ein großes Haus, ein schickes Auto, das neueste iPhone, ein sattes Bankkonto und vieles mehr Zeichen wahren Erfolgs sind. Das ist die erste Lüge, die sie in unsere Köpfe zu trichtern versuchen. In dem Moment, in dem wir unser Elternhaus verlassen und unser eigenes Leben anfangen zu leben, haben wir vielleicht sogar das Gefühl, dass wir die Welt erobern und alle unsere Träume verwirklichen könnten. Wir haben jahrelang dafür hart gearbeitet oder studiert. Jetzt sind wir also ganz und gar auf das vorbereitet, was die Zukunft uns zu bieten hat.

Vorbereitet?
Plötzlich jedoch finden wir da draußen eine ganz andere große Welt vor, als wir sie uns vorgestellt hatten. Man kann beobachten, dass viele sehr gute Schüler und Studenten im wirklichen Leben gescheitert sind. Ebenso gibt es Menschen, die in der Schule und im Studium nicht so gut abschnitten oder sogar niemals studiert haben, die erfolgreiche Unternehmer wurden oder andere führende Positionen in der Gesellschaft eingenommen haben. Dazu gehören auch Menschen aus ärmeren Schichten. Deren Augen leuchten so glücklich, wie es nicht vielen Menschen möglich ist.

Was lief bei vielen schief? Was passierte nach all den Vorbereitungen, all den Fähigkeiten mit den großartigen Schülern und Studenten, mit den Cum Laudes?

Als ich so etwa 20 Jahre alt war, verstand ich noch nicht, welche Fehler ich gemacht hatte, was mich daran hinderte, meine Träume zu erfüllen.

Doch mit Mitte 30 schien mir alles ganz klar zu sein. Nachdem ich etwa zehn Jahre in der Arbeitswelt tätig war – am Standard der Gesellschaft gemessen recht erfolgreich –, begriff ich vieles von dem ich damals, aus der Schule entlassen, niemals etwas vermutet hätte. Die reale Welt war völlig anders als die theoretischen Vorstellungen, die ich in der Schule gelernt hatte.

Die »Wirtschaft« ist »ein menschlicher Dschungel«. Warum sage ich das? Ich bin in einem Land geboren, in dem der zweitgrößte Regenwald des Amazonas und der Erde liegt und habe diesen Ort viele Male besucht. Der Dschungel mit seinen wundervollen Tieren, Vögeln, mit allen möglichen Geschöpfen und Pflanzen ist kein Paradies, wie viele Menschen vielleicht glauben.

Im Dschungel existiert eine Welt des Wettbewerbs, nach den Gesetzen der Natur. Tief im Herzen des Regenwaldes, wohin nur wenige Menschen kommen, geht es ums Überleben. Am Tag muss man in spezieller Kleidung reisen, damit die Moskitos (es sind Riesenmoskitos) einen nicht bei lebendigem Leibe aussaugen.

Man muss sich den Weg mit einer Machete ebnen. Und man muss beten, dass es nicht regnet, da sturzflutartige Überschwemmungen dort an der Tagesordnung sind. Dann versinkt man im Schlamm. Oder man versucht, auf den umgefallenen Bäumen zu gehen, die überall herumliegen. Das sind tote Bäume, die für neue Bäume den Dünger bilden. Dabei muss man sehr vorsichtig sein. Denn über die umgefallenen Bäume zu gehen, bedeutet, dass man sich an jedem stehenden Baum festhalten muss, um die Balance nicht zu verlieren.

Alle Geschöpfe des Regenwalds sind unglaublich geübt darin, sich vor ihren Feinden, den Raubtieren, zu verstecken. Manche von ihnen scheinen nur ein anderes Blatt zu sein, andere benutzen prächtige Farben, um dich wissen zu lassen, dass sie ein tödliches Gift ausscheiden bei dem Versuch, sie zu berühren. Andere wiederum passen sich den Farben ihrer Umgebung an. Und wenn man nicht gerade ein Experte ist, dann kann man in Millimeternähe an ihnen vorbeigehen, oh-

ne sie zu bemerken. Das ist auch bei gigantischen Schlangen der Fall, die sich auf den Ästen der Bäume ausruhen. Ich habe alles mit eigenen Augen betrachtet und gelernt, dass der Dschungel kein so friedvoller und wundervoller Ort ist, wie man ihm nachsagt.
Natürlich ist es eine völlig andere Geschichte, wenn man den Dschungel von einer bequemen Sitzbank auf einer der vielen luxuriösen Ausflugsjachten aus beobachtet, die unter viel sichereren Bedingungen die Flüsse entlangfahren, die manchmal wie Ozeane aussehen. Die magischen Sonnenuntergänge, die Stimmen der Tiere, die rosafarbenen Flussdelfine, die die Boote auf ihren Reisen begleiten, das alles sieht so schön aus, so friedvoll … aus der sicheren Perspektive eines Kreuzfahrtschiffes, das ist es jedoch nicht, wenn man im Inneren des Dschungels lebt.

Vertrau mir, renn in eine sichere Hütte, bevor die Nacht hereinbricht! Dort wirst du erkennen, dass der stockdunkle Regenwald ein Ort ist, in dem die Raubtiere die Kleineren fressen oder die Schwächeren, oder was auch immer sie finden können!

*

Klingt das nicht bekannt? Kennen wir nicht auch Raubtiere, die die Kleineren und Schwächeren fressen; die als Schafe verkleideten Wölfe, die immer bereit sind anzugreifen? Kennen wir Wölfe, die uns anlächeln und bereit sind, uns in den Rücken zu fallen, obwohl wir einfach nur unsere Arbeit machen wollen?

Der Dschungel hält jedoch mit all seiner Schönheit und seiner Grausamkeit ein perfektes Gleichgewicht aufrecht. Hier haben alle Geschöpfe eine Chance und die Möglichkeit, sich zu verteidigen. Raubtiere fressen nur, wenn sie Hunger haben. Sie töten nicht um der kranken Freude des Tötens willen. Alle Bäume haben eine Chance, groß zu werden und die Sonne zu erreichen, die ihnen das Licht zum Überleben spendet. Dadurch bleiben die meisten Kleintiere, mögen es nun Insekten, Frösche, Echsen, Geckos oder Ameisen sein, und das ganze Universum, das der Dschungel bildet, in relativer Sicherheit, können sich vermehren und geben den neuen Generationen eine Chance zu überleben.

*

Stell dir jetzt denselben Dschungel vor, doch mit Gefühlen, von denen die Tiere, die im echten Dschungel leben, nichts wissen: Habgier, Konkurrenz, Prinzipienlosigkeit, Missgunst, Groll, Rache, Eifersucht, festgelegte Regeln, die immer wieder nicht befolgt werden …

Wie würde solch ein Dschungel wohl aussehen? Es würde genauso aussehen wie die Arbeitswelt, in der wir leben!

Bitte versteh mich nicht falsch: Die Mehrzahl der Menschen, die diesen wunderschönen Planeten bewohnen, den wir Erde nennen, sind ehrbare und ehrliche Menschen. Sie arbeiten hart und verfolgen ihre Träume, welche auch immer. Leider funktionierte das nur bis in den Sechzigerjahren und sogar noch bis in den Siebzigern des letzten Jahrhunderts. Doch durch die technologische Revolution, in der wir immer noch leben, gibt es auf der ganzen Welt weniger arme Leute als noch vor fünf Jahrzehnten. Unsere Lebensspanne ist dank medizinischer Durchbrüche enorm gewachsen. Wir leben länger, gesünder, und die Geschwindigkeit der Kommunikation hat dazu geführt, dass wir uns eine Prothese ins Ohr setzen: das iPhone. Alles hat sich verändert und wird sich weiterhin verändern, und zwar sogar noch schneller.

Natürlich ist es wunderbar, dass wir die Armut in der Welt verringert haben und dass die Sterberate neugeborener Kinder mit solcher Geschwindigkeit gesunken ist. Doch was wir nie wahrgenommen haben, ist, dass diese jetzt auf der ganzen Welt in Erscheinung tretende Mittelschicht danach lechzt, denselben Lebensstandard zu erreichen wie die westliche Gesellschaft. Sie waren arm, während die reichen Länder schon seit langer Zeit sehr gut gelebt hatten. Bisher konnten sie es nur im Fernsehen und im Kino sehen beziehungsweise in den Nachrichten hören. Jetzt möchten sie ihren eigenen Teil des Kuchens abhaben.

*

Was bedeutet das alles?
Dass die Welt sich in ein riesiges Einkaufszentrum verwandelt und unsere Gier, mehr zu besitzen, nicht aufhört. Der sonntägliche Gottesdienst wurde ausgetauscht durch den Zeitvertreib in den Einkaufszentren. Wir sind saftiges Fleisch für die großen Konzerne, die uns nicht als Menschen betrachten, sondern als ins Visier genommene Konsumenten. Für sie ist das Einzige, was zählt, der Profit, der für sie

unterm Strich herauskommt. Das heißt, wie viel Geld sie für ihre Aktionäre erwirtschaften können, egal ob unsere Kinder Zombies werden, ob sie gierig nach der neuesten Angry Bird's App, dem neuesten lasergesteuerten Plastikgewehr oder dem neuesten Videospiel greifen – je blutiger, desto faszinierter sind unsere Kinder.

Die Konzerne haben für jede Altersklasse unterschiedliche Vermarktungsstrategien. Für Erwachsene wird das Auto ihrer Träume angeboten, das man in leicht abzahlbaren Raten erwerben kann, über viele Jahre natürlich. Mach schon! Nimm es! Keine Sofortzahlung! Gib einfach Gas, dreh die Musik auf und fahr dem Horizont entgegen!

Sie möchten einen 3D-Fernseher? Wir haben sie in allen Größen und Typen. Und unsere Hausmarke, ob Sie es glauben oder nicht, der Preis hat seinen Tiefststand erreicht! Es war niemals preiswerter! Jetzt ist die richtige Zeit zu kaufen. Und die Zinsen sind niemals so niedrig gewesen …

Und dann sind wir eines Tages, schneller als wir schauen können, ganz und gar in Schulden verstrickt. Dann müssen wir noch mehr arbeiten, um unsere Rechnungen für all das »Glück« zu bezahlen, mit dem die Konzerne uns reingelegt haben. Irgendwann sind wir in die Falle gegangen und befinden uns genau an dem Ort, an dem diese »geldfressenden Monster« uns für den Rest unseres Lebens gefangen halten möchten. So können sie sich den Rest unseres Lebens und unsere hart verdienten Ersparnisse weiterhin einverleiben. Wir arbeiten Tag für Tag, egal ob wir mögen, was wir tun. Und sie können uns weiterhin auf sehr subtile Art und Weise belügen. Sie suggerieren uns, dass wir das brauchen, was sie für uns haben. Sie stehlen unser Geld »ganz legal«, nur um die Gier der Besitzer ihrer Firmen und ihrer Aktionäre zu stillen.

*

Früher oder später jedoch werden wir an irgendeinem Punkt unseres Lebens entdecken, dass das Glück, das wir uns von all diesen materiellen Spielsachen erhofft hatten, allmählich zu verblassen beginnt. Wir werden anfangen, uns leer zu fühlen und zu versuchen, diese Leere mit noch mehr materiellem Spielzeug zu füllen. Dann arbeiten wir noch härter und versuchen, auf der Karriereleiter weiter nach oben zu steigen, sodass uns das System sagen kann, wie erfolgreich wir gewesen sind, dass wir die Spitze des Berges schließlich erreicht haben. Und schließlich sind wir die Gewinner der Welt!

Doch es gibt etwas, das dir niemand sagt, und zwar, dass in jedem menschlichen Leben der Tag kommen wird, an dem du dir im Spiegel des Lebens selbst ins Gesicht sehen musst, dass du dich selbst konfrontieren und anschauen musst, was du aus deinem Leben gemacht hast. Und das wird der glücklichste oder der traurigste Tag deiner Existenz sein.

Hast du das Kind, das für den Rest deines Lebens in dir sein sollte, lebendig erhalten?

Hast du jemals auf die Stimme deines Herzens gehört, die sich so sehr danach sehnte, dir etwas zu sagen?

War es wirklich der Mühe wert, so viel zu HABEN, anstatt einfach nur zu SEIN?

Bist du deinen Träumen gefolgt und lebst jetzt so, wie du es dir immer gewünscht hast?

Hast du deine Träume wirklich wahr gemacht?

Hast du entdeckt, was der wahre Sinn deines Lebens ist?

Wenn für dich die Zeit kommt, diese wundervolle Welt zu verlassen, wirst du dann lächeln und ehrlich zu dir selbst sagen können: Ich wünsche mir nichts weiter?

Wirst du wirklich glücklich darüber sein, wenn du weißt, dass du die Welt in einem etwas besseren Zustand verlassen hast, als du sie ursprünglich einmal vorgefunden hattest?

Das hoffe ich wirklich, mein mir seelenverwandter Freund! Das traurige Paradox ist jedoch, dass viele von uns sich diese wichtigen Fragen erst stellen, wenn die Lebensreise schließlich dem Ende zugeht.

Und dann, nur dann wirst du erkennen, dass das die wahren Schätze waren, die dich dazu geführt hätten, ein sinnerfülltes Leben zu führen. Dann wirst du erkennen, dass du niemals den Mut hattest, diesen Fragen ins Gesicht zu schauen, und niemals davon geträumt hast, auf neuen, unerforschten Wegen zu gehen.

Die Angst vor der Angst selbst hielt uns immer in ihrem Bann und in der Nähe unseres sicheren Nestes, anstatt uns selbst treu zu sein und mutig genug, unseren Träumen und unserer wahren Bestimmung entgegenzufliegen, wo das Glück und die Erfüllung eines gut gelebten Lebens zu finden sein werden.

Du kannst alles verändern, wenn du das möchtest. Da ist nur eine kristallene Wand der Angst zwischen dir und deinen Träumen!

Reich oder berühmt zu werden
und sich dem Rest überlegen zu fühlen;
füge ein bisschen Habgier hinzu, und
du wirst dich selbst dafür verurteilen,
eine Leiter hinaufzuklettern, die niemals endet,
bis zu deinem Sterbetag.

SERGIO BAMBAREN

KAPITEL 3

Mythos Geld

Der Mythos, dass ein Millionär oder berühmt zu sein, uns glücklich macht

*

Viele von uns arbeiten Tag für Tag,
um viel Geld zu haben … oder viele Fans,
nur um am Ende, wenn es zu spät ist, festzustellen,
dass sie die wahren Schätze des Lebens
verpasst haben.

Ich habe so viele Menschen erlebt, die ich bewundert habe, die ihr Leben traurigerweise durch Selbstmord beendeten, sich in Drogen und Alkohol verloren oder eine Überdosis Tabletten genommen haben, und vieles mehr.

Warum haben sie das getan? Hatten sie nicht alles? Geld, Ruhm, Millionen von Fans? Ist das nicht genau das, was sich sehr viele in unserer westlichen Gesellschaft wünschen?

*

Es gab einen Mann, den ich mein Leben lang bewundert habe, Robin Williams. Er war ein außergewöhnlicher Mensch, ein Schauspieler, der mich zum Lachen oder zum Weinen bringen konnte, wann immer er wollte. Er war eine wahrhaftige, sanfte Seele, die mein Leben so vielfältig bereichert hat.

Was ist passiert? Warum hat er diese Welt auf diese Weise verlassen? Ich schätze, wir alle haben unsere eigenen Dämonen, die uns verfolgen, wenn wir sie lassen. Unsere geistige Haltung kann unser bester Freund sein oder unser schlimmster Feind. Wenn dann noch Alkohol und Drogen hinzukommen, und Depressionen, eine der schlimmsten von unserer westlichen Gesellschaft verstärkten Krankheiten, und die Sucht, mehr und mehr haben zu wollen …

Versteht mich bitte nicht falsch. Geld ist nicht das Problem. Wenn es weise eingesetzt wird, kann es uns finanzielle Sorglosigkeit und damit die Zeit geben, unseren Träumen zu folgen. Doch wenn finanzielle Sorglosigkeit sich in Habgier verwandelt, dann kann unsere Welt auseinanderfallen.

*

Vor einiger Zeit habe ich in einem US-amerikanischen Magazin von einer Studie gelesen, die mit Teenagern kurz vor dem Verlassen der Highschool durchgeführt wurde. Die Teilnehmer waren bunt gemischt aus allen Staaten, aus privaten und staatlichen Schulen, aus allen Religionen und Geschlechtern ausgewählt. Es gab nur eine Frage zu beantworten:
»Was möchtest du sein, wenn du erwachsen bist?«

Von 100 Schülern antworteten 98 der Befragten:
»Ich möchte Millionär werden.«

Die Wissenschaftler der Studie konnten es nicht glauben. Keiner von den Befragten hat erwähnt, dass er vielleicht gern Arzt werden würde, Feuerwehrmann, Athlet oder eine von vielen anderen Karrieren verfolgen möchte, die dem Leben einen Sinn geben können. Was ist aus dem Land der Mutigen, dem Land der Freiheitsliebenden und dem Land der Träumer geworden?

Die zwei anderen sagten nicht, dass sie Millionäre werden wollten:

Sie wollten Milliardäre werden!

*

Vor einigen Wochen las ich auf Yahoo über eine andere Studie. Es wurde dieselbe Frage an ähnliche Schüler gerichtet:

Hier wollten 70 Prozent aller Befragten Millionäre werden und 30 Prozent wollten berühmt werden …

Erlaube mir, dir eine Frage zu stellen:

Stimmst du, der diese Zeilen liest, dem zu, dass es wirklich ein Traum ist, sich zu wünschen, ein Millionär, ein Milliardär oder berühmt zu sein? Wenn du das glaubst, dann wird es vielleicht Zeit, dieses Buch zu lesen.

Aus meiner bescheidenen Perspektive heraus ist reich oder berühmt zu sein kein Traum und wird auch niemals einer sein. Es ist allein unsere Entscheidung, ob wir besessen von Geld und Ruhm werden und dadurch kostbare Werte und eine sinnvolle Arbeit in den Hintergrund treten lassen. Und das Schlimmste ist, stecken wir erst einmal in der »Schachtel«, in dem goldenen Käfig, dann werden wir niemals in der Lage sein herauszukommen, und das, worum es bei wahrem Glück geht, zu schätzen wissen: Nämlich, dass die besten Dinge des Lebens nichts kosten. Niemals.

Wann bist du das letzte Mal auf einer Wiese gewesen, um einen Drachen steigen zu lassen?

Wann hast du dir zum letzten Mal die Zeit genommen, einen Sonnenaufgang oder einen Sonnenuntergang zu beobachten?

Wann hast du das letzte Mal an einem friedlichen Ort auf einer Bank gesessen und nichts getan, nur den Augenblick zu genossen?

Wann hast du den Regen zum letzten Mal geküsst?

Also, für mich und für viele andere ist ein Millionär zu werden kein Traum. Da man dafür die besten Jahre seines Lebens oder sogar sein ganzes Leben damit verbringen muss, in einem Käfig zu leben und zu arbeiten, um ein Mensch zu werden mit viel materiellem Besitz, der ihm aber eigentlich niemals gehört, den er nur für ein paar Jahre besitzen kann, bis er, wie jeder andere auch, im Grab endet – das ist für mich nicht erstrebenswert. Dieser Wunschtraum der Jugend ist doch nur eine weitere Krankheit unserer verrottenden westlichen Gesellschaft.

*

Ich würde euch all das nicht erzählen, wenn ich es nicht selbst erfahren hätte. Ich war, was die Finanzen betrifft, einmal Millionär. Ich habe diese Erfahrung gemacht. Ich kenne das Gefühl. Ich war Generaldirektor einer dieser gigantischen Unternehmen. Ich stieg in den besten Hotels der Welt ab und flog mit dem Privatjet des riesigen Konzerns, für den ich gearbeitet habe. Ich besaß all das materielle »Spielzeug«, das der Job mit sich brachte, ein großes Haus, den Status, den neuesten Lexus zu fahren, eine Rolex zu besitzen, Armani Kleidung … und alles andere. Anfangs habe ich auch den üblichen Fehler gemacht, ich ließ das Gefühl zu, besser zu sein als andere.

Ja, ich habe wundervolle Menschen kennengelernt, die Unternehmensgründer waren, die wirklich glücklich sind mit ihrem Leben. Sie haben ein Talent, etwas aus dem Nichts aufzubauen, und das lieben sie. Doch was für einige Menschen gut ist, ist es nicht unbedingt auch für andere.

Trotz allem habe ich die einfachen Dinge des Lebens glücklicherweise nie vergessen. Ich war einer der Glücklichen, die aus dem Hamsterrad entfliehen konnten. Das Meer, die Delfine, der Surfer in mir, doch vor allem mein inneres Kind, dass in meinen Erinnerungen und in meinem Herzen lebte, waren die Wegweiser auf meinem Weg, alle materiellen Besitztümer aufzugeben, die mich in meinen eigenen und einzigartigen »goldenen Käfig« einsperrten.

Die Worte meiner Mutter gaben mir den letzten Anstoß, das alles aufzugeben: »Es ist immer besser zu geben, als zu nehmen, anderen zu helfen, anstatt um Hilfe zu bitten. Mit oder ohne Geld – wenn du in den guten wie in den schlechten Momenten immer noch derselbe Mensch bleibst, dann basiert dein Leben auf Prinzipien und nicht darauf, welche Kleidung du trägst.«

Vielleicht, wenn ich diese einfachen Schätze, mit denen ich gesegnet war, vergessen hätte, wäre dieses Buch nie geschrieben worden. Dann würde ich, mit meinem Handy an den Ohren klebend, immer noch von einem Ort zum anderen hetzen und nicht bemerken, dass ich eigentlich nirgendwo hinging.

Gib einem Kind eine Million Dollar.
Glaube mir, damit wirst du sein Lächeln
oder seine Unschuld nicht kaufen können,
nicht einmal seine Träume!

SERGIO BAMBAREN

KAPITEL 4

Was er hat, muss ich auch haben!

*

Akzeptiere, dass es ein Fehler ist,
materielle Dinge anzusammeln, die wir nur besitzen,
um mit unseren Mitmenschen zu konkurrieren.
und erkenne, dass wir in Wirklichkeit
nur sehr wenig davon brauchen.

Warum ist es für viele so wichtig, ihr Glück von der Konkurrenz mit anderen abhängig zu machen und zu versuchen, schöner auszusehen, ein besseres Auto zu fahren, ein größeres Haus zu besitzen oder sich besser zu kleiden?

Versteh mich nicht falsch. Wenn du Autos liebst, dann fahre sie. Wenn du schöne Kleidung liebst, kaufe sie. Aber mache es aus der richtigen Motivation heraus: Aus der Leidenschaft, die du für diese Dinge empfindest.

Betrüblicherweise leben wir in einer Welt der Konkurrenz, in der wir irgendwie diesen Floh ins Ohr gesetzt bekommen haben. Wir haben bestimmte Dinge jetzt nicht mehr, weil sie uns, vor allem zu Anfang, ein besseres Gefühl geben. Wir beginnen nun, andere zu beobachten, zu sehen, was die haben, und aus irgendeinem Grund vergleichen wir uns mit ihnen. Seltsamerweise fühlen wir uns gut, sobald wir feststellen, dass

unser Auto oder unser Haus besser oder teurer ist als das unseres Nachbarn oder unserer Arbeitskollegen.
Ja, liebe Leute, auch ich war Teil des Systems. Ich bin auch betrogen worden. Ich habe es gesehen. Ich habe es erfahren. Niemand hat es mir gesagt. Ich habe es erlebt. Einige Jahre lang hatte ich vergessen, worum es im Leben wirklich geht und blieb im Käfig. Damals hörte ich nicht auf die Stimme meines Herzens. Ich fühlte mich zwar unwohl, so, als ob ich ein Leben führen würde, das jemand anderem gehört. Aber ich hatte mich in meinem eigenen goldenen Käfig verloren und fand den Schlüssel nicht mehr, um wieder herauszukommen.

Früher, als ich ein teures Auto fuhr und erster Klasse reiste, fing auch ich an, mich danach umzusehen, was andere erreicht hatten. Und aus irgendeinem Grund durchschaue ich das erst jetzt. Damals habe ich es nicht verstanden. Ich fühlte mich denen gegenüber, die nicht so viel erreicht hatten wie ich, irgendwie »überlegen«. Ich war ein Gewinner. Das haben mir alle Leute auch noch bestätigt. So gesehen hatte das System recht. Ich war kein Teil der Masse mehr. Ich konnte es beweisen, indem ich meine materiellen Besitztümer vorzeigte oder erster Klasse flog, während der Rest hinten im Flugzeug saß, in diesen engen, unbequemen Sitzen.

Wie falsch ich dachte und wie dumm ich doch war!
Wohin waren meine Träume geraten? Was geschah mit dem Kind in mir, das so wenig brauchte, um glücklich zu sein? Wann war ich zum letzten Mal surfen gegangen? Wann hat-

te ich mir das letzte Mal die Zeit genommen, in Ruhe einen Sonnenuntergang zu betrachten? Wann hatte ich zum letzten Mal wirklich Zeit?

Ich dachte, ich sei ein sehr bedeutender Mann, und bedeutende Menschen arbeiten viel härter und gehen schneller. Sie sind immer in Eile. Sie haben keine Zeit zum Surfen. Sie dürfen ihre Zeit nicht damit verplempern, einen Sonnenuntergang zu beobachten. *Zeit ist Geld*. Sie haben keine Zeit, auf ihre innere Stimme zu hören, auf das Kind, das ihnen immer wieder sagt:

Stopp!

So ging das, bis ich eines Tages meinen Tiefpunkt erreichte. An den Tag kann ich mich noch sehr gut erinnern, als wäre es gestern.

Ich saß in einer Besprechung in der Innenstadt von Singapur im 63. Stockwerk eines Hochhauses. Wir waren gerade dabei, einen dollarschweren Vertrag abzuschließen. Der chinesische Tycoon mir gegenüber war ein harter Verhandlungspartner.

»Zu teuer!«, sagte er.

Natürlich war ich mit einem höheren Angebot in diese Verhandlung gekommen, das ich noch etwas herunterfahren konnte.

»Geben Sie mir eine Minute«, bat ich Mr. Lee.

Ich begann, den Handel mit meinen französischen und italienischen Kollegen zu besprechen, die sehr ernst am Rechnen waren und sehr wichtig taten. Wir hatten das schon öfter so gemacht. Nach fünf Minuten einigten wir uns auf ein letztes Angebot. Ich schrieb eine neue Zahl auf ein Stück Papier und reichte es Mr. Lee.

Er setzte seine Brille auf und starrte auf das Papier. »Immer noch zu teuer!«

»Das ist unser bestes Angebot, Herr Lee.«

Er schlug mit der Faust auf den Tisch. »ZU TEUER!«

In dem Moment schaute ich endlich wieder einmal bewusst aus dem Fenster. Ich konnte den Hafen von Singapur sehen. Ich sah den Ozean …

Mr. Lee redete weiter. Aber ich hörte ihn nicht. Ich schwitzte und plötzlich spürte ich, wie mein Herz schneller und schneller schlug. Es fühlte sich an, als ob ich jeden Moment einen Herzinfarkt bekam. Mein Verstand fiel aus, ich konnte nicht mehr denken. Mein französischer Kollege fragte mich, was los sei.

Ich erinnere mich noch, dass ich aus dem Zimmer gestürmt und zum Büro gerannt bin, das sich auch auf der gleichen Etage befand. Dort bat ich die Sekretärin um ein Blatt Papier und einen Stift.

»Ist alles okay mit Ihnen?«, fragte sie.

Ich antwortete nicht.

Als ich schließlich aufhörte zu schreiben, bat ich die Sekretärin, den Brief per Fax an die Hauptgeschäftsstelle des Konzerns in London zu schicken.

»Oh, und bringen Sie mir bitte einen doppelten schottischen Whisky, kein Eis.«

Sie sah ängstlich aus: »Okay, Sir.«

Sie brachte mir das Glas mit dem goldenen Elixier und ich trank es in einem Zug aus. »Können Sie mir noch einen bringen?«

»Sind Sie sicher, Sir?«

»Ja, ich bin mir da ganz sicher«, antwortete ich.

Nach dem zweiten doppelten Whisky fing ich an, mich etwas besser zu fühlen. Ich schwitzte nicht mehr. Mein Herz schlug wieder normal. Viele Jahre später wurde mir klar, dass ich wohl eine Panikattacke gehabt hatte, ein Wort, das mir bis dahin unbekannt war.

»Haben Sie das Fax gesendet?«

»Ja, Sir.«

»Danke!« Ich bezahlte den Whisky, ging zum Fahrstuhl, fuhr hinunter, verließ das Gebäude und setzte mich ans Ufer des Ozeans – und weinte.

Ich hatte meine unwiderrufliche Kündigung an den Hauptgeschäftssitz in London geschickt.

Heute kann ich sagen, dass ich damals die richtige Entscheidung für mein Leben getroffen habe. Doch ich muss ehrlicherweise auch gestehen, dass ich selbst lange Zeit dachte, womöglich den größten Fehler meines Lebens gemacht zu haben …

*

Der Moment der Entscheidung, alle Regeln der Gesellschaft, in der ich lebte, arbeitete und viele persönliche Fehler gemacht hatte, zu durchbrechen, erscheint mir heute weit zurückzuliegen. Ich weiß noch, wie sehr die Tränen flossen, als ich dasaß und den wunderschönen Hafen von Singapur betrachtete. Doch glaube mir, es dauerte nicht allzu lange. Immer noch mit Tränen in den Augen erkannte ich, dass ich eine Entscheidung getroffen hatte, die mein Leben für immer verändern würde.

Gleichzeitig taktete das geschäftige Leben wie gewohnt um mich herum. Luxuslimousinen holten Geschäftsleute aus dem Foyer des Gebäudes ab, das ich gerade verlassen hatte. Leute in Schlips und Kragen machten Mittagspause – wenn man das wirklich Pause nennen darf –, und aßen, mit ihren Handys ans Ohr geklemmt, Fast Food. Andere verschlangen ihre Mahlzeiten vor dem geöffneten Laptop. Die Leute gingen so schnell, als ob sie immer in Eile seien. Und obwohl ich immer noch verwirrt war und nicht wusste, ob ich die richtige Entscheidung getroffen hatte oder nicht, erkannte ich etwas:

Es würde mich niemand vermissen …

So durcheinander, wie ich war, ging das Leben weiter … das Leben würde immer weitergehen … Habgier war der Name des Spiels – mit mir oder ohne mich.

*

Unter der brütenden Hitze des Hafens von Singapur wischte ich die letzte Träne aus meinem Gesicht. Ich stand auf und ging weiter in Richtung Ozean, zog mein Armani-Jackett aus, band meinen Gucci-Schlips ab, warf beides in die Mülltonne und starrte es an.

Dann begann aus dem Nichts heraus, aus der Tiefe meines Herzens, eine Stimme zu mir zu sprechen. »So, jetzt hast du den Käfig endlich verlassen.«

»Ja, das habe ich.«

»Und was ist das Schlimmste, was du dir vorstellen kannst, das jetzt passieren könnte?«

Ich dachte eine Weile nach. »Nichts, schätze ich.«

»Fühlst du dich gut?«

»Die Wahrheit ist, dass ich mich jetzt großartig fühle. Ich fühle mich frei.«

»Frei?«

»Jetzt kann ich endlich der sein, der ich bin. Ich muss niemandem irgendetwas beweisen. Ich muss nicht mehr mit anderen konkurrieren.«

»Darf ich dir nur einen kleinen Rat geben?«

»Natürlich.«

»Es werden schwere Zeiten auf dich zukommen. Viele Menschen werden dich nicht verstehen. Viele werden sagen: Du bist verrückt. Und die meisten deiner sogenannten ›guten Freunde‹ werden aufhören, dich zu kontaktieren oder werden einfach aus deinem Leben verschwinden, da sie dich jetzt nicht mehr brauchen können. Sie waren nur aufgrund deines ›Status‹ da. Doch trotz allem weißt du tief in deinem Herzen, dass du es tun musstest. Schau also nicht zurück, niemals. Du hast den Dschungel endlich verlassen und die Zeit wird deine Wunden heilen. Mit der Zeit wirst du auch erkennen, dass du den besten Teil deines Lebens noch vor dir hast.«

*

Am nächsten Tag flog ich nach Sydney, Australien, zurück. Während ich aus dem Fenster schaute, hoffte ich, dass dies für den Rest meines Lebens der letzte geschäftliche Flug sein würde. Ich fühlte mich gut, wirklich gut. Es rann ein Gefühl, etwas erreicht zu haben, durch meine Adern. Ich hatte das System geschlagen. Ich hatte nicht das Gefühl, gewonnen zu haben. Ich fühlte mich einfach nur absolut frei. Ich hatte mein Leben zurück. Und ich wusste, dass es mir gut gehen würde, wenn ich mich um das Kind kümmerte, das in mir erwachte. Wenn ich mich auf die Suche nach dem wahren Sinn meines Lebens begeben und wie ein freier Adler mit meinen wahren Träumen sicher in meinem Herzen verwahrt dahinfliegen würde … würde alles gut werden.

Was ich als Erstes in meinem neuen Leben erkannte, war, dass ich, was ich erfahren hatte – komme, was da wolle – anderen mitteilen musste. Sie sollten wissen, sodass sie selbst erkennen können, dass unser Leben wahrhaftig das sein kann, was wir möchten, dass es ist.

Bist du bereit, das Risiko einzugehen, dein eigenes Leben noch einmal zu leben, neu zu beginnen?
Kannst du das, was ich mit diesen Worten beschreibe, zutiefst nachempfinden?

Kann ich dir verständlich machen, dass, wenn ich in der Lage war, es zu tun, es jeder schaffen kann?

Bist du bereit aufzuhören, dir Ausreden auszudenken?

Bist du bereit, die Leere, die tief in deinem Inneren ist, endlich zu füllen? Bist du bereit, das schwarze Loch in dir mit Liebe und Weisheit zu füllen, anstatt es mit Erster-Klasse-Flügen oder superschnellen Autos zu stopfen, weil du davon überzeugt warst, dich mit diesem Luxus besser zu fühlen als die anderen?

Glaubst du mir, dass ich mich, unabhängig davon, was du für dein Leben entscheidest, trotzdem für dich freue?

Und weißt du warum?

Weil ich inzwischen weiß, dass ich lediglich das Recht habe, euch mitzuteilen, wie ich es geschafft habe.

Der Rest liegt bei euch.

Das nennt man freien Willen …

KAPITEL 5

Lebe dein Leben

Möchtest du sein, was andere dir zu sein wünschen, oder ziehst du es vor, weniger ausgetretene Pfade einzuschlagen und das Leben zu leben, das du schon immer gern leben wolltest?

*

Lohnt es sich, dem starken Druck und den Regeln der Gesellschaft zu entfliehen, um dein wahres Selbst zu entdecken?

Wieder in Australien erhielt ich zwei oder drei Tage nach meiner Kündigung einen Anruf aus der Konzernzentrale in London. Sie wollten, dass ich nach England flog.

»Zeit, der Sache ins Gesicht zu schauen«, dachte ich.

Also reiste ich nach London, um Phil zu treffen, den weltweit zuständigen Generaldirektor des großen, multinationalen Konzerns, für den ich gearbeitet hatte. Als ich sein Büro betrat, sah ich sofort diesen wundervollen Mann, der während der letzten fünf oder sechs Jahre wie ein Vater für mich war.

Er setzte sich im Konferenzraum, in dem sich die Vorstandsmitglieder der Gesellschaft alle 14 Tage trafen, neben mich.

»Also, warum?«, fragte er.

»Möchtest du die Wahrheit hören?«

»Die ganze Wahrheit«, sagte er.

Damals hätte ich mir niemals vorstellen können, dass ich ein paar Jahre später ein weltbekannter Autor sein würde, der Bestseller schrieb und höchst motivierende Reden hielt. In dem Moment sprach ich zu Phil seit vielen Jahren zum ersten Mal wieder aus ganzem Herzen und nicht nur mit dem Verstand. Es war das Mindeste, was ich machen konnte, ehrlich zu sein dem Mann gegenüber, der mir die Chance gegeben hatte, auf der Erfolgsleiter nach oben zu klettern.

»Ich fühle mich absolut leer, Phil. Ich habe die meiste Zeit im Flugzeug verbracht und ein Leben geführt, bei dem ich das Gefühl hatte, dass es nicht mir gehört. Ich lebte in einem goldenen Käfig und fand den Weg hinaus nicht mehr. Nach fünf oder sechs Monaten erschienen mir das neue Auto, das große Haus, der Privatjet nicht mehr gut und Neues musste ran. Und die Treffen mit all den sogenannten Tycoons, die sich hinter ihren Armani-Anzügen, ihren Rolex-Uhren verstecken mussten, um sich wichtig zu fühlen, erschienen mir nicht mehr sinnvoll. Manchmal wachte ich morgens auf und wusste nicht einmal, in welchem Land ich gerade war.«

Ich schaute Phil an. Seine sanften irischen blauen Augen trafen die meinen und er hörte achtsam zu.

»Ich wusste wirklich nicht mehr, wer ich bin, Phil. Ich hatte meine Träume vergessen und den Ozean, den ich so sehr liebe. Und ich erkannte, dass ich den größten Schatz von allem verloren hatte: meine Zeit, mein Leben.

Zu meiner Überraschung lächelte Phil. Er nahm einen kleinen Schluck Bourbon und sagte: »Du bist ein Glückspilz, weißt du?«

»Was meinst du, Phil?«, fragte ich.

»Wenn ich in deinem Alter wäre, hätte ich genau dasselbe getan wie du. Doch ich wurde in einer anderen Zeit geboren, in einer konservativeren Gesellschaft. Ich hatte nicht den Mut, diese Entscheidung zu treffen, obwohl ich auch das Gefühl hatte, dass ich jeden Tag ein wenig starb, genau wie du. Ich kann sogar heute noch fühlen, dass ich in einem Käfig lebe, vielleicht ein bisschen weiser, doch ich lebe Tag für Tag dieselbe Routine.«

Er stellte sein Glas auf den Tisch, schaute mir in die Augen und sagte: »Es lohnt sich wirklich nicht, Sergio. Viele Leute werden dich vielleicht anlügen und dir erzählen, dass sie sehr glücklich sind. Gleichzeitig verstecken sie sich hinter ihrem schicken, materiellen Besitz, weil sie nicht mehr schlafen könnten, wenn sie daran glauben würden, dass Leute, die so denken wie du, vielleicht recht haben könnten.«

Ich hätte niemals gedacht, dass Phil mir direkt ins Gesicht und zu meinem Herzen sprechen würde, was er dachte.

»Danke, Phil«, sagte ich.

»Danke nicht mir«, antwortete er. »Danke dir selbst dafür, dass du aus diesem Dschungel von Wettbewerb, Habgier und Traurigkeit herausgefunden hast.« Er lächelte: »Mach weiter so! Lebe deine Träume! Sei glücklich, Sergio, und genieße, was dir am Leben am meisten gefällt.«

»Das werde ich.«

»Das Leben ist zu kurz, lieber Sergio. Es vergeht wie im Flug. Mach aus deinem das Beste, was du kannst.« Er stand auf: »Ich habe nur noch eine letzte Bitte.«

»Alles, was du möchtest, Phil.«

»Lass uns in Kontakt bleiben. Schick mir Fotos von da, wo du bist und schreib mir, was du machst. Ich möchte die Welt durch die Augen eines wahren Träumers sehen.«

Ich fühlte, wie mir ein paar Tränen über die Wangen liefen. »Das werde ich, Phil. Ein Versprechen ist ein Versprechen.«

Ich stand auf. Er kam auf mich zu und umarmte mich auf eine Art und Weise, wie es nur ein Vater tun kann, und flüsterte mir ins Ohr:

»Schau niemals zurück. Das Leben hat dir eine zweite Chance gegeben. Fliege deiner wahren Bestimmung entgegen und teile mir etwas davon mit. Das wird das größte Geschenk für mich, das ich erhalten kann.«

Ich verließ sein Büro, und hatte das starke Bedürfnis, mein Jackett auszuziehen. Ich tat es, nahm auch den Schlips ab und warf beides in den Müll. Phils Sekretärin lächelte.

»Ist Phil nicht ein wundervoller Mann?«

»Einer der Besten«, antwortete ich. Unmittelbar bevor ich das Gebäude verließ, nahm ich meine goldene Rolex ab und gab sie einem der Pförtner.

»Ist die für mich?«, fragte er.

»Wenn du sie haben möchtest, ja.«

»Wie kommt's?«, fragte er.

»Weil sie niemals für jemanden wie mich gemacht wurde.«

*

Ich habe mein Versprechen gehalten. Dreimal bin ich um die Welt gereist, immer auf der Suche nach der perfekten Welle. Ich reiste in den Himalaya und blieb dort sechs Monate in einem buddhistischen Tempel. Ich brauste durch die afrikanischen Savannen, fuhr mit dem Fahrrad durch ganz Europa und besuchte alle idyllischen Inseln, die ich auf der Landkarte finden konnte. Ich segelte allein, nur in Begleitung der Sterne, des niemals enden wollenden Ozeans, der Delfine und Wale, sechs Monate lang durch den südlichen Pazifik. Von all den Orten, die ich besuchte, schickte ich eine Postkarte oder ein Foto an Phil. Ich reiste durch ganz Australien, Neuseeland, durch die USA und noch weiter.

*

Zehn Jahre später, als mein Traum, Schriftsteller zu werden, bereits Realität geworden war, hörte ich, dass Phil hinübergegangen sei. Bei der Beerdigung kam seine Witwe, Nancy, auf mich zu.

»Hallo, Sergio.«

»Hi, Nancy.«

»Möchtest du dich von Phil verabschieden?«

Ich wurde leicht nervös. Nancy nahm mich am Arm und brachte mich zu Phils offenem Sarg.

»Er sieht aus wie ein Engel«, sagte ich.

»Wirklich. Und das war er. Siehst du das Kästchen, das ihm in den Sarg gelegt wurde?«

»Ja.«

»Öffne es«, sagte Nancy.

»Bist du … sicher?«

»Öffne es für Phil.«

Vorsichtig öffnete ich das Kästchen, das auf Phils gekreuzten Armen lag …

Ich konnte es nicht glauben. Da waren in einem Umschlag Hundert über Hunderte von Fotos und Postkarten. Auf dem Umschlag stand: »Ein Versprechen ist ein Versprechen.«

»Er las mir alle diese Karten vor«, sagte Nancy.

Ich war sprachlos.

»Ich danke dir, Sergio«, sagte sie. »Durch dich fühlte sich mein Mann noch einmal lebendig.«

Ich nahm Nancy in den Arm. »Danke«, murmelte ich. Ich küsste Phil auf die Stirn. »Bis wir uns wiedersehen, Boss«, sagte ich. Ich drehte mich um, um zu gehen.

»Sergio?«

»Ja, Nancy?

»Du trägst ja keinen Anzug und auch keinen Schlips. Benutzt du nicht einmal eine Uhr?«

»Ein Versprechen ist ein Versprechen«, sagte ich.

»Die Leute starren dich an, weil du für diesen Anlass nicht angemessen gekleidet bist.«

»Ich weiß«, antwortete ich. »Das ist mir inzwischen ziemlich egal.«

»Alle Achtung!«, sagte sie. Einen Moment später war sie schon in der Menge verschwunden. Ich ging langsam zu meinem VW-Bus zurück und fuhr davon …

Wie oft müssen wir uns dieselbe traurige Geschichte von weiseren und älteren Menschen als uns anhören?

Worin besteht die falsche Angst, die uns glauben machen möchte, dass wir mit unserem Leben nicht machen können, was wir wollen, frei sein von Ketten, von Regeln und von Vorurteilen?

Die Vergangenheit ist Vergangenheit. Sie ist eine abgestempelte Akte. Daran können wir absolut nichts ändern.

Also ist die beste Zeit, ein Leben zu beginnen, von dem wir immer geträumt haben, JETZT!

KAPITEL 6

Ich habe nicht genug Geld

Das größte Klischee der westlichen Gesellschaft:
die pure Tatsache zu entdecken,
dass wir mehr Geld haben,
als wir wirklich brauchen.

Die meiste Zeit unseres Lebens jagen wir Träumen hinterher, die nicht unsere eigenen sind. Sind wir erst einmal im Käfig, dann machen wir meist dasselbe wie alle anderen. Damit verlieren wir unsere Einzigartigkeit, die Essenz, mit der wir geboren wurden. Wir vergessen, wer wir sind, weil wir dem endlosen Rausch verfallen, mehr auszugeben, als wir verdienen. So wird Geld zu unserem größten Feind und die meisten von uns müssen sich mehrere Jahrzehnte lang damit herumschlagen. Warum aber sollen wir unser Leben verpfänden, indem wir ein Haus kaufen, das wir vermutlich 20 oder 30 Jahre lang abzahlen müssen. Natürlich fühlt es sich gut an, zu Hause anzukommen. Doch wenn wir ein bisschen weiter denken, dann wird uns klar, dass das Haus, in dem wir leben, eigentlich nicht uns gehört, bis wir den letzten Cent dafür bezahlt haben, plus Zinsen an die Bank. Und wenn wir es endlich abbezahlt haben, dann haben wir meist nicht mehr die Kraft oder den Willen, all das zu machen, wovon wir in jenen Jahren geträumt haben.

Wie oft habe ich die Entschuldigung gehört: »Das hebe ich mir für die Zukunft auf.« So sammelt man seine Konzepte zum Glücklichsein weiterhin für eine Zukunft, die vielleicht gar nicht existiert. Ich verstehe immer noch nicht, warum manche Menschen mehr Zeit damit verbringen, ihren Urlaub zu planen, als damit, den Rest ihres Lebens zu planen.

*

Eine australische Krankenschwester, die in einem Hospiz arbeitete, hat ihren Patienten viele Jahre Mitgefühl und eine bessere Lebensqualität geschenkt. Sie konnte sehr gut zuhören und pflegte einzigartige Freundschaften mit ihren Patienten. Sie hörte ihnen stundenlang zu und erlaubte ihnen, ihre Gefühle auszudrücken. Jemand, der weiß, dass er bald sterben wird, braucht die Show gesellschaftlicher Beziehungen nicht mehr. Diese Menschen sprechen nicht aus ihrem Verstand, sie sprechen aus ihren Herzen.

Sie half Hunderten von Patienten in ihren letzten Stunden auf Erden. Und was sie entdeckte, erstaunte sie so sehr, dass sie meinte, es als Warnung für andere aufzuschreiben. Sie war davon beeindruckt, dass, egal ob es sich um einen männlichen oder einen weiblichen Patienten handelte, letztendlich alle dieselben fünf Dinge genannt und bereut haben, dass sie die nicht getan hatten, als sie noch bei guter Gesundheit waren:

1. Sie alle wünschten sich, mehr Zeit mit ihrer Familie und mit ihren Freunden verbracht zu haben.

2. Sie wünschten, sie hätten dem Geld und dem materiellen Besitz nicht so viel Bedeutung beigemessen.

3. Alle wünschten, dass sie nicht so viel gearbeitet hätten in ihrem Leben.

4. Sie wünschten, sie hätten sich Zeit genommen, mehr durch die Welt zu reisen, um sie mit eigenen Augen zu sehen, und nicht durch die Zeitungen oder einen Fernsehbildschirm.

5. Sie wünschten, sie hätten wesentlich mehr Zeit mit schönen Dingen verbracht, die sie liebten. Sie wünschten, sie hätten mehr Freizeit gehabt, um ihren Träumen zu folgen.

Das Buch der demütigen Krankenschwester Bronnie Ware *5 Dinge, die Sterbende am meisten bereuen* wurde weltweit sofort zu einem Bestseller.

Warum? Vielleicht, weil jetzt langsam Millionen von Menschen auf dem ganzen Planeten erkennen, wie leer das Leben eigentlich ist, das sie leben.

*

Also, wir verdienen nicht genug Geld, stimmt's?

Quatsch! Das wirkliche Problem ist, dass wir Geld ausgeben, das wir nicht haben, und zwar für Dinge, die wir nicht brauchen. Im Grunde genommen verpfänden wir uns selbst.

Wie viele Fernsehgeräte hast du? Wie viele Küchenutensilien hast du, die du nie benutzt? An wie vielen Tagen des Monats kaufst du Junk Food, anstatt dir zu Hause ein gesundes Mahl zuzubereiten? Wie viele Computer hast du und wie viele benutzt du wirklich? Musst du alle zwei bis drei Jahre ein neues Auto kaufen? Oder kannst du es vielleicht noch ein paar Jahre fahren? Benutzt du deine Kreditkarten oft, weil du kein Geld mehr hast, und wartest dann auf das Monatsende, auf dein Gehalt, damit du deine Schulden bezahlen kannst? Ist es besser, ein Haus zu besitzen oder Miete zu bezahlen und das überschüssige Geld irgendwie sicher anzulegen?

Ich habe einen sehr weisen Freund, einen Millionär. Doch man würde niemals vermuten, dass er einer ist, wenn man ihn nicht sehr gut kennt. Er gab mir einen Rat, den ich weiterhin befolge:

Wenn du hundert Dollar verdienst, sieh aus, als ob du siebzig verdienst und gib nur fünfzig aus.

Diese Art zu denken verändert vieles, weil dabei keine Rolle spielt, ob du eine Million hast oder nicht. Es ist das Prinzip, das zählt. Dann bist du in der Lage, jeden Monat etwas zu sparen, und das bedeutet finanzielle Sorglosigkeit, sich sicherer zu fühlen, ohne Stress zu leben und dein Gehirn von falschen Ängsten zu befreien. Dadurch bekommt dein Geist mehr Freiraum, an die Dinge zu denken, die du mit dem Talent, das das Leben dir geschenkt hat, gern machen möchtest. Vergiss nie, dass die wundervollsten Dinge des Lebens nichts kosten.

Wann bist du zum letzten Mal barfuß im nassen Sand gelaufen und hast beobachtet, wie die Sonne langsam hinter dem Horizont versinkt? Wann hast du jemals auf einer sehr belebten Straße auf einer Bank gesessen, nur um die vorübergehenden Leute zu beobachten? Die meisten von ihnen sehen sorgenvoll aus oder haben ihr Handy ans Ohr geklemmt. Meist gehen sie schneller, weil sie es immer eilig haben und immer zu spät dran sind. Sie schauen alle fünf Minuten auf die Uhr.

Bist du jemals an einem schönen Ort allein gewesen und hast dir Gedanken darüber gemacht, was du mit dem Rest deines Lebens machen möchtest? Hast du dir schon einmal die Zeit genommen, einen wunderschönen Kolibri zu beobachten, wenn er den süßen Nektar einer Blume einsaugt? Hast du dich an irgendeinem Tag einmal entschieden, zu Hause zu bleiben, um deiner Familie nah zu sein und Zeit mit ihr zu verbringen? Wie lange ist es her, dass du das letzte Mal geschaukelt hast oder Kandiszucker gegessen? Ich meine nicht die Dinge, die du in den Ferien machst. Ich spreche von den Dingen, die du an irgendeinem Tag deines Lebens tust.

Ich könnte immer mehr dieser kleinen und bedeutungsvollen Dinge aufzählen, die das Leben lebenswert machen,

Sachen, die die »fleißigen Leute« Zeitverschwendung nennen. Höre nicht auf sie. Höre auf dich selbst. Du wirst überrascht sein, wie glücklich du sein kannst, wenn du die kleinen und einfachen Dinge des Lebens genießt. Sie sind immer in Reichweite, an jedem Tag unseres Lebens.

Es ist so leicht, Geld zu sparen, wenn wir es nicht zulassen, dass die Habgier und die Vermarktungs-Maschinerie der Wirtschaft uns in den Griff bekommen. Ein einfaches Leben zu führen, wenn das dem entspricht, was du möchtest: Jeden Tag genießen, sich nicht mit anderen vergleichen, kann dazu führen, zu entdecken, wer du wirklich bist. Es ist nur eine Frage der Umsetzung und Übung an jedem Tag deines Lebens. Und eines Tages, wenn du es am wenigsten erwartest, wirst du genügend Ersparnisse haben, an den Ort zu reisen, den du immer schon einmal besuchen wolltest. Oder du kannst dir das gewisse Etwas kaufen, das einen Kitzel in dir hervorruft, und vor allem, du wirst es bar bezahlen können.

Denn letztendlich ist es der ganze Sinn dieses Lebens, dass wir unser eigenes Leben leben. Dazu brauchen wir keine Vergleiche und keine Habgier, sondern nur das inspirierende Gefühl, selbst zu wählen, wie und mit welchen Mitteln wir durch unsere Existenz reisen wollen …

Wenn du heute zum Einkaufen in ein Geschäft oder ein Einkaufszentrum gehst, findest du immer etwas, das dir als Schnäppchen angeboten wird, als eine Chance, die es so nie wieder geben wird. Dir wird nahegelegt, zuzugreifen, bevor der Artikel ausverkauft ist. Bitte denke daran, das ist nur eine Vermarktungsstrategie.

Mach nicht den Fehler, es zu kaufen. Überlege vorher: »Brauche ich das wirklich?« Ist das etwas, das mein Leben bereichert? Oder wird es nach drei Monaten, wie die meisten Dinge, die wir kaufen, verstaubt auf dem Regal in der Ecke unserer Garage liegen? Wäre es nicht besser, dieses Geld auf irgendeine Art von Sparkonto zu bringen oder irgendwo mit einem geringen Risiko zu investieren? Sobald wir beginnen, diese Disziplin zu entwickeln, öfter mal eine positive Entscheidung treffen, dann …

Ich habe eine Faustregel, die zumindest für mich persönlich funktioniert. Ich habe sie immer wieder in meinem Leben angewandt, unabhängig davon, ob ich arm oder reich war. Ich habe ein Bankkonto mit 100 000 Dollar darauf. Eigentlich spielt die Höhe der Summe keine Rolle. Es könnten 20 000, 50 000 oder sogar eine Million Dollar sein. *Dieses Konto existiert für mich nicht.* Es liegt in einem Investmentfond mit geringem Risiko fest. Die ganzen Jahre hat es mir jährlich ca. 7 Prozent Rendite gebracht, etwa 10 000 Dollar. Wenn ich diese Zinsen gerade nicht brauche, dann investiere ich sie wieder. Wenn ich einem Freund oder jemand anderem aushelfen muss oder ein oder zwei Reisen machen möchte, dann benutze ich das Geld dafür.

Doch was mir in finanzieller Hinsicht so viel Seelenfrieden gibt, ist, dass dieses Konto, egal was passiert, niemals unter seinen ursprünglichen Wert sinken wird. Es ist ein Polster für meine finanzielle Sorglosigkeit. Glaube mir, solltest du dich entscheiden, ein einfaches Leben zu führen, dann wird dieser Betrag dir helfen, deine Einstellung dahingehend zu verändern, dass du deinen Geist von finanziellen Albträumen, die eigentlich gar nicht existieren, befreist. So erschaffst du einen weiten, leeren Raum in deinem Geist und beginnst davon zu träumen, was du wirklich möchtest.

Versuche es! Die Zahlen können sich verändern. Doch das Prinzip bleibt dasselbe. Du wirst überrascht sein, wie leicht das Wort »Geld« in deinem Verstand und in deinem Herzen verblasst. Viel wichtiger als alles andere aber ist, dass du erkennst und sich das Gefühl in dir ausbreitet, dass du immer mehr Geld hast, als du wirklich brauchst. Es passiert nur eine Veränderung der Sichtweise, damit du dir keine Sorgen um Geld mehr zu machen brauchst.

Vergiss niemals:

Jede Veränderung bietet eine Chance!
Es ist dein Leben, es gehört niemandem sonst!

KAPITEL 7

Erobere dein Leben zurück!

Beginne die Zwiebel zu schälen und deine negativen Gedanken zu verbrennen

*

Früher oder später wirst du
auf die Stimme deines Herzens hören müssen,
wenn du das Leben wirklich leben möchtest,
das dir bestimmt ist.

Es gibt eine Stimme in uns, die uns jeden Tag, jedes Mal, wenn wir eine Entscheidung treffen müssen, etwas zuflüstert: »Ich habe das Gefühl, dass das richtig für mich ist. Ich weiß, dass es falsch wäre, mich anders zu entscheiden.« Kein Lehrer, Priester, Elternteil, Freund oder Weiser kann entscheiden, was für dich richtig oder falsch ist. Lerne einfach nur wieder, auf die Stimme aus deinem Herzen zu hören und ihr zu folgen.

Lasst uns den ersten Schritt in die richtige Richtung gehen, um unser Leben zurückzugewinnen, zu werden, was wir immer schon waren. Lasst uns nicht den Weg wählen, der der Welt wichtig scheint. Lasst uns den Weg wählen, der unsere eigene Welt wunderschön macht.

Höre auf die Stimme deines Herzens und den Rest erledigt das Leben. Es wird eine wundervolle Reise, eine Reise, auf der du manchmal hinfällst, nur um wieder aufzustehen.

Eine Reise der Entdeckungen und des Lernens über die einfachen Dinge des Lebens, wie wir sie mit unseren Herzen sehen, und nicht mit unseren Augen. So fühlen wir die reale Welt und nicht die Welt, die aus Plastik und falschen Träumen besteht.

Ja, das ist möglich. Doch zu Anfang musst du geduldig sein.

Du bist dein ganzes bisheriges Leben mit allen möglichen Informationen bombardiert worden. Das meiste davon waren Regeln und Vorurteile, die du nicht brauchst, die dich zum Sklaven des Status Quo gemacht haben. Du hast dein Leben den Gesetzen der Gesellschaft angepasst, ohne jemals darüber nachzudenken, dass einige davon nicht für dich bestimmt waren. Irgendwo auf dem Weg hast du, ohne es zu bemerken, deine Menschlichkeit verloren.

Du wurdest Teil einer Gesellschaft von Konsumenten und verfielst der Konsumsucht, einer Krankheit wie jede andere. Wir können kein überschüssiges Geld im Portemonnaie behalten. Wir müssen es ausgeben. Ist das der Grund dafür, dass wir so hart arbeiten und die besten Stunden unseres Lebens damit verbringen, unseren Lebensunterhalt zu verdienen; und uns dann die meiste Zeit über auch noch darüber beschweren, dass das Geld, das wir verdienen, niemals genug ist?

Ich bin mir bei dem, was ich dir aufgrund meiner eigenen Erfahrungen jetzt sagen möchte, ganz sicher: Egal wie viel Geld du verdienst, egal wie viele Gehaltserhöhungen du bekommst, wenn die Marotte der Habgier sich erst einmal in unserem Gehirn festgesetzt hat, dann wird uns nichts jemals genug sein. Niemals!

Wann wollen wir also den Weg beschreiten, der uns glücklich sein und ein sinnvolles Leben führen lässt? Wann beginnen, wenn du bisher absolut davon überzeugt warst, dass du in dem Leben, das du jetzt lebst, niemals wirklich glücklich sein wirst, dass dein Gefühl der Leere niemals verschwinden wird, unabhängig davon, wie viel materielles Spielzeug du noch kaufst, mit dem du immer wieder versuchst, diese Leere zu füllen? Wann, wenn deine Tage sich in eine niemals enden wollende Routine verwickelt haben, wenn du Angst bekommst, dass du älter wirst und erkennen musst, dass die Türen zu einem neuen, wahrhaft erfüllenden Leben, sich langsam hinter dir schließen, genauso wie dein Leben hier auf Erden?

Wie kannst du anfangen?

*

Du kannst damit beginnen, dass du dir vorstellst, eine Zwiebel zu schälen. Das Innerste der Zwiebel ist die Essenz dessen, wer wir wirklich sind, die reine, sanfte Seele, die eines Tages auf dieser Welt ankam.

Alles, was diesen wundervollen Kern bedeckt, sind erworbene Ängste, mit denen wir ihn umhüllen, oder, wie die großen Konzerne es nennen, ihn »schützen«. Die meisten Hüllen sind Ängste, die uns von anderen eingepflanzt wurden, nicht von uns selbst, doch sicherlich mit unserem Einverständnis. Wir sind einfach der Masse gefolgt und machten irgendwann genau dasselbe wie alle anderen. Eines Tages hatten wir, ohne es bemerkt zu haben, unsere Seele plötzlich vollkommen mit so viel Angst umhüllt, dass wir schließlich nicht mehr sehen oder uns daran erinnern konnten, wer wir waren. So wie das Innerste einer Zwiebel von ihren Hüllen verdeckt ist, so hat die Dunkelheit unsere Träume und den Sinn unseres Lebens verhüllt, egal wie hell die Sonne draußen schien, wir konnten sie nicht mehr sehen.

Ich denke, dass jeder Mensch bereits einmal in seinem Leben eine Zwiebel aus ihrer Hülle befreien musste. Man beginnt mit dem qualvollen Job, sie zu pellen. Bereits da, aber spätestens in dem Moment, in dem du sie schneidest, egal ob du alle Tricks aus den Büchern, wie zum Beispiel die Wasserleitung laufen zu lassen oder deine Hände immer wieder zu waschen, anwendest oder nicht, wenn du die abgepellte Zwiebel schneidest, kannst du nicht mehr verhindern, dass deine Augen von Tränen erfüllt sind. Bei einigen werden die Augen nur von ein paar Tränen genässt, bevor sie fertig sind. Doch für andere wird diese Aufgabe so unerträglich, dass sie die Arbeit für eine Weile unterbrechen müssen, bis die Augen wieder trocken sind.

*

Als ich voller Begeisterung reiste und all die wunderbaren Orte entdeckte, die auf dieser Erde existieren, lernte ich etwas Bedeutendes. Sobald ich an einem Ort war, in den ich mich verliebt hatte, von dem ich jedoch wusste, dass ich ihn früher oder später verlassen müsste, um neue Welten zu entdecken, fühlte ich zum ersten Mal in meinem Leben etwas, das ich niemals zuvor gefühlt hatte: Wenn man etwas verlässt, das man sehr schätzt, dann ist das ein wenig wie sterben. Das passiert mir immer wieder. Und doch ist das etwas, mit dem ich zu leben gelernt habe. Denn obwohl ich an diesen Ort vielleicht nie mehr zurückkehren werde, werden die Erinnerungen daran doch ein Leben lang in meinem Herzen bleiben. Man braucht Mut, um auf diese Weise zu leben, doch es ist die beste Möglichkeit, die ich zu leben gelernt habe. Sie bereicherte mein Leben mit der Weisheit von Mutter Erde und der Menschen, die auf ihr leben.

Was ich jetzt sagen möchte, habe ich viele Male versucht abzuschwächen, aber ich habe leider noch keine Möglichkeit dafür gefunden. Vielleicht hört es sich hart oder sogar grob an, doch ich finde keine anderen Worte, wenn ich ausdrücken möchte, was ich auf dieser Reise, die ich Leben nenne, gelernt habe.

Vor vielen Jahren zeltete ich mitten in der Sahara und trank mit einem Berberstamm, der auch als »die blauen Menschen der Wüste« bekannt war, Tee. Wir waren von Kamelen umgeben und beobachteten den Himmel, der mit so vielen Sternen übersät war, wie ich es niemals zuvor gesehen hatte. Da erteilte mir ein weiser Mann eine Lektion, die ich niemals vergessen habe. Er erklärte mir den Unterschied zwischen einem Helden und einem Feigling. Er sagte, wenn beide in einer Situation dieselbe Angst fühlen, dann rennt der Feigling in Deckung. Der Held jedoch, der dieselbe Angst fühlt, wird an Ort und Stelle bleiben, nicht weglaufen und seiner inneren Angst ins Gesicht schauen.

Wir sind so oft in so einer Situation! Wir kennen die Angst, dass uns das Geld ausgeht, die Angst, krank zu werden und die Angst vor der Angst selbst. Wenn wir uns jedoch selbst treu bleiben und unserer Angst ins Gesicht schauen, dann werden wir erkennen, dass in Angst zu leben zwar die Wahl vieler Menschen ist, wir aber frei entscheiden können, wie wir unser Leben leben möchten. Und schließlich werden wir erkennen, dass die Angst nur eine geistige Verfassung ist.

Vielleicht erinnern sich etliche noch an die Zeit, als der Film *Der weiße Hai* in die Kinos kam, die Geschichte eines riesigen weißen Hais, der Menschen aus einem friedlichen kleinen Örtchen an der Küste tötete und fraß. Als Surfer wusste ich seit vielen Jahren, dass ich an den Orten, an denen ich gesurft hatte, niemals auch nur einen kleinen Hai gesehen hatte. Obendrein waren meine Freunde und ich nicht in der Lage, unsere Füße und Beine vom Surfbrett zu nehmen. Aber jedes Mal, wenn ich zu einer Welle gepaddelt, auf ihr dahingeglitten war und dann ins Wasser fiel, bekam ich Panik vor Haien und konnte an nichts anderes denken, als so schnell wie möglich wieder auf mein Surfbrett zu kommen. Warum?

Weil ich genau das gefühlt hatte, was der Regisseur des Films mich fühlen lassen wollte: Angst. Es war eine erschaffene Angst, keine wirkliche. So wie die meisten Ängste, denen wir erlauben, sich in unseren Köpfen und in unseren

Herzen festzusetzen, ohne uns dessen bewusst zu sein. Es sind Ängste, die uns lähmen, und die bewirken, dass wir uns weiter von unserem wahren Kern entfernen.

Ich hatte Glück, weil ich diese von außen erschaffene Angst schon früh in meinem Leben erkannt habe. Also entschloss ich mich, sie zu bekämpfen, mein eigener Held zu sein und niemals wegzulaufen, wenn die Angst meinen ganzen Körper und meinen Verstand ergriff. Minuten später löste sich die Angst in Luft auf, weil sie nicht real war. Und das machte, zumindest für mich, den entscheidenden Unterschied dabei aus, wie man dem Leben entgegentritt.

Warum fangen wir nicht heute schon an, die Zwiebel unseres Lebens zu enthäuten, um den sanften Kern, der der wahre Spiegel dessen ist, der wir sind, wiederzuentdecken? Warum machen wir es nicht weit entfernt von der rasenden Menge, von dem Ort, an dem wir anfingen, verwirrt zu sein und Angst zu haben, abseits des Lärms, der die Stimme unseres Herzens zum Schweigen gebracht hat. Warum machen wir es nicht in der Stille des Alleinseins, in der das Einzige, was wir hören können, die wahre Stimme aus unserem Inneren ist?

Schreibe es auf ein Stück Papier oder beginne einfach, dem Kind in dir, das du immer sein wirst, Fragen zu stellen.

Stell dir vor, dass du in einem üppigen, grünen Garten sitzt, weit weg von allem, über dir der blaue Himmel mit weißen Wolken, die sich friedlich in dem kleinen See spiegeln, der vor dir liegt. Du schließt deine Augen und erinnerst dich an deine Kindheit. Du gehst in das Alter zurück, als das Leben noch so einfach war, als du noch an Magie glaubtest und deine Unschuld dich niemals auch nur denken ließ, ob die Farbe unserer Haut schwarz oder weiß war; als Eis essen und es im ganzen Gesicht herumzuschmieren köstlich war und Spaß machte.

Jetzt öffnest du deine Augen und du kannst es kaum glauben, doch du siehst, wie dir gegenüber, von Angesicht zu Angesicht, das Kind sitzt, das immer noch in dir ist. Es war dein ganzes Leben, in guten wie in schlechten Tagen, in deinem Inneren. Es sieht aus wie ein Kind, doch es hat auch alles erlebt, was du erlebt hast, den Schmerz, die harte Arbeit, die schönen Momente und auch die traurigen.

»Warum arbeitest du von acht Uhr morgens bis fünf Uhr nachmittags?«

Anfangs bist du überrascht. Doch du musst ihm antworten. »Um meinen Lebensunterhalt zu verdienen.«

»Und was heißt das, den Lebensunterhalt zu verdienen?«, fragt das Kind.

»Geld verdienen.«

»Wofür?«, fragt es wieder.

»Um die Rechnungen zu bezahlen, die Hypotheken, die Schulden, die Krankenversicherung, die Lebensmittel …«

»Wofür?«, insistiert es.

»Um all den Komfort des modernen Lebens zu haben.«

»Und das macht dich glücklich?«

»Nehme ich an …«

»Das nimmst du an?«

»Na ja, jeder macht es.«

»Ich fragte, ob es dich glücklich macht?«

»Das machen alle Erwachsenen.«

»Und macht es dir Spaß, was Erwachsene tun?«

»Ich muss es einfach machen!«

Das Kind lächelt. »Ich glaube, du hast Angst …«

»Angst wovor?«

»Wieder Spaß zu haben.«

»Habe ich nicht!«

Das Kind lächelt, steht auf und schaut dir, bevor es weggeht, direkt in die Augen:

»Jetzt bin ich ganz sicher, dass du Angst davor hast, wieder Spaß zu haben.«

Es läuft einem wunderschönen Schmetterling hinterher.

*

Wann war der Tag, an dem wir vergessen haben, dass wir geboren wurden, um glücklich zu sein?

Wann war der Tag, an dem wir vergessen haben, dass wir nicht auf diese Welt gekommen sind, um miteinander zu wetteifern?

Wann war der Tag, an dem wir begannen, Angst zu haben und anfingen, uns mit Dingen zu umgeben, die uns ein Gefühl der Sicherheit gaben, das Gefühl, keine Angst zu haben.

Wann war der Tag, an dem wir unsere Einfachheit verloren haben?

»Der Tag, an dem du mich vergessen hast!«

Das Kind, das wir einmal waren, war weit entfernt. Es hatte Angst und weinte …

Sollten wir nicht anfangen, ein für alle Mal Schicht für Schicht unserer eigenen Zwiebel zu entfernen und dann nicht mehr zulassen, dass irgendetwas oder irgendjemand das Samenkorn in uns wieder verhüllt?

Ich hoffe, dass du weißt oder gerade erkannt hast, dass eine Zwiebel im Inneren kein großes Samenkorn hat. Wenn du alle ihre Schichten entfernt hast, dann ist im Inneren nichts mehr vorhanden.

Das Einzige, was zurückbleibt, ist das Nichts. Das ist der beste Zustand, in dem du herausfinden und anfangen kannst, dich daran zu erinnern, wer du bist, wer du immer warst.

Keine Angst mehr, keine Tränen mehr, nur ein nackter, naiver Mensch, der – jedenfalls in meinem Fall – den großen Fehler gemacht hatte, anderen zu folgen, anstatt aus dem Nichts etwas zu erschaffen: ein wirklich erfüllendes Leben.

»Das Einzige, was mein Lernen behindert hat,
war meine Bildung.«

ALBERT EINSTEIN

KAPITEL 8

Achtsamkeit

Die unschätzbare Bedeutung der kleinen »alltäglichen« Dinge des Lebens

*Sobald wir die täglichen kleinen und schönen Dinge
in unserem Leben sehen und fühlen können,
beginnt unsere Reise zur Erfüllung unserer Träume,
zu dem wahren Sinn unseres Lebens
und zum Glücklichsein.*

Unsere Reise durch das Leben ähnelt einer sehr langen Zugfahrt. Wir können an jedem beliebigen Tag, wann immer wir wollen, in den Zug einsteigen. Züge verlassen den Bahnhof jeden Tag, zu jeder Zeit, von jedem Bahnhof aus. Du brauchst nur aufzuspringen, wenn du dein Schicksal verändern möchtest. Oder spring wieder ab, wenn du das Gefühl hast, dass der Zug, den du genommen hast, dich nirgendwohin bringt.

Wie jede Zugreise, so ist auch das Leben eine Reise, die aus vielen kleinen Entscheidungen besteht. Und jede kleine Entscheidung wird uns zur nächsten führen. Also müssen wir achtsam wählen. Wohin möchten wir reisen? Wo möchten wir bleiben? Was möchten wir mit unserem Leben anfangen? Nehmen sich viele manchmal nicht mehr Zeit, um ihren nächsten Urlaub zu planen, als zu planen, was sie mit dem Rest ihres Lebens machen möchten?

Das ist die Wahrheit … eine traurige Wahrheit.

Der Zug des wahren Glücklichseins ist überall, im Lächeln eines Kindes, das ein Eis schleckt, in den Blumen, die im Frühling blühen, in der Umarmung eines Menschen, den du magst, in den sanften Augen eines Buckelwals, sogar in einem Regentropfen. Wir brauchen nur zu verstehen, dass das Leben so sein kann, wie wir es uns wünschen. Das Leben selbst ist das wundervollste Geschenk, das wir erhalten können. Doch was wir mit unserem Leben anfangen, kann das beste Geschenk an das Universum sein.

Das Leben ist ein Geschenk, das kostbarste von allen, also sollten wir es nicht als selbstverständlich betrachten. Wir sollten immer so tanzen, als ob wir noch nie zuvor getanzt hätten. Wir sollten so küssen, als ob wir nie zuvor jemanden geküsst hätten. Und wir sollten so lieben, als ob wir nie zuvor verletzt worden wären. Wir sollten tun, was wir am liebsten machen, so, als ob niemand zusehen würde.

Dir selbst treu zu sein und der Stimme deines Herzens zu folgen, wird dich immer in einen sicheren Hafen führen. Und dieser Hafen ist dort, wo deine Träume schon immer waren. Wenn es etwas Wichtiges gibt, das ich in meinem Leben gelernt habe, dann, dass man zwar viele Menschen an der Nase herumführen kann, doch sich selbst wird man niemals für immer belügen können, wenn man möchte, dass das eigene Leben keine Lüge ist … Und das ist sehr einfach:

Fühlt nicht jeder von uns sein Gewissen, wenn er etwas macht, das sich richtig oder falsch anfühlt? Wenn wir eine Entscheidung treffen und sie nicht das ist, woran wir glauben, fühlen wir dann nicht tief in unserem Inneren etwas, das uns quält und das nicht verschwindet? Es ist ein stilles, jedoch stark juckendes Gefühl, das uns dann verfolgt; etwas, das nur von einem selbst gefühlt werden kann. Es ist wie eine innere Stimme, die unserem Herzen etwas zuflüstert: Wie du handelst, ist falsch. Was du machst, kommt nicht aus dir selbst.

Wenn wir jedoch eine Entscheidung treffen, an die wir zutiefst glauben, dann stört dieses Gefühl des Unbehagens unser Herz nicht. Dann haben wir ein gutes Gewissen, fühlen uns gut und glücklich.

Es ist so einfach, unserem einzigartigen Gewissen zu folgen, das in jedem von uns vorhanden ist. Indem wir auf unsere Seele hören, wissen wir, ob wir das Leben leben, das wir leben möchten. *Warum sollten wir der Masse folgen und auf die Masse hören, obwohl doch jeder von uns seine eigene innere Stimme hat, die uns nie belügen wird?*

Um also noch einmal darauf zurückzukommen, was ich bereits erwähnt habe, deine innere Stimme sollte der solide Felsen sein, auf dem du das Leben aufbaust, das du dir schon immer gewünscht hast. Ebenso hilfreich kann es sein, zu hören und zu lesen, was andere freie Geister getan haben.

Niemand kann dir sagen, wie du glücklich leben kannst. Doch es gibt Erfahrungen von anderen, die dir helfen können, auf den Weg deines wahren Lebens zurückzufinden.

Dazu hier das Zitat eines Experten:

»Die befürchtete Krise der Generation in den 40ern ist eine urbane Legende, die wir vielleicht erwarten. Einige Forscher, die nicht an Schicksal glauben, führen das Leid dieser Jahre auf unerfüllte Hoffnungen zurück. Offensichtlich entdecken wir zu der Zeit, dass wir einige unserer wichtigsten Träume der Jugend nicht verwirklichen können. Dadurch fühlen wir eine überwältigende Frustration.« (EFE Nachrichtenagentur)

Das trifft auf manche Menschen vielleicht zu, doch ganz bestimmt nicht auf mich. Als ich 29 war, erzählten mir viele Freunde, dass ich irgendeine Art von Depression fühlen würde, wenn mir bewusst wird, dass meine Jugend vorbei sei. Doch es passierte nichts. Ich fühlte mich genauso frisch und voller Leben wie immer.

Dann kam die Zeit, als ich die 40 erreichte. Heute bin ich 55 Jahre alt. Ich warte immer noch auf die Krise in der Lebensmitte, sei es in den Dreißiger-, Vierziger- oder Fünfzigerjahren. Sie hat sich bei mir noch nicht angekündigt. Und langsam bin ich mir ziemlich sicher, dass sie niemals kommen wird. Ich habe mich oft gefragt, warum ich keine Krisen habe. Ich kenne keine präzise Antwort darauf. Ich glaube, der Grund ist, dass ich mich entschieden habe, ein Leben zu führen, das darauf basiert, was die Stimme meines Herzens mir sagt. Dazu kommt eine absolut positive Einstellung dem Leben gegenüber. Ich begegne den schwarzen Wolken, die unsere Träume in manchen Stadien des Lebens bis zum Äußersten testen, mit Akzeptanz und in Demut, habe dabei jedoch auch die Sicherheit, dass die Sonne früher oder später wieder scheinen wird. Und ich koste das Leben in der Gegenwart voll aus, nicht irgendwann später, unabhängig davon, was ich zu träumen oder zu handeln entscheide.

Es sind die kleinen Bemühungen, die kleinen Wunder, die uns beglücken. Auch aus deinen Fehlern zu lernen, wird dein Leben auf den Weg anhaltenden Glücks führen. Probleme werden sich dann in Chancen verwandeln. Traurige Momente werden eine Zeit, in der wir uns an die schönen Erlebnisse erinnern. Wenn zum Beispiel jemand stirbt, dann kannst du aufhören, dich zu grämen und anfangen, den hinübergegangenen Menschen in deinem Herzen zu tragen, dann wird er niemals wirklich sterben. Vergiss nicht: Was du nicht berühren kannst, dass kannst du auch nicht zerstören!

*

Für mich ist Zeit eine Erfindung der Menschheit, weil sie alles in Zahlen einteilen und mit Statistiken belegen muss. Es stimmt, dass die Zeit vergeht. Doch ich bin einer von diesen »verrückten« Leuten, die ihren Geburtstag fast nie feiern. Warum sollte ich ihn feiern, wenn ich mich entschieden habe, dass jeder Tag meines Lebens wie ein Geburtstag verlaufen soll? Ich fühle mich mit dem gesegnet, was ich habe, anstatt mich darüber zu beschweren, was ich nicht habe.

Ich feiere an jedem beliebigen Tag mit meinen Freunden, das ist nicht unbedingt der Tag, an dem ich geboren wurde. Hast du jemals irgendeinen nicht menschlichen Teil der Schöpfung gesehen, die Muttertag, Vatertag, Weihnachten – falls du christlich bist – oder irgendeine andere Art von Tagen feiert, die wir Menschen aus Gründen eingerichtet haben, die ich immer noch nicht verstehe? Denn wenn du dich entschließt, immer einen Tag deines Lebens nach dem anderen zu leben, dann ist jeder neue Tag eine Feier des Lebens!

*

Wir alle haben das Recht, unser Leben auf Traditionen oder auf Prinzipien basierend zu leben, und danach, was uns die Stimme unseres Herzens gern mitteilen möchte. Noch einmal, wir haben einen freien Willen. Wir alle haben das Recht, unser Leben so zu leben, wie wir möchten.

Das Wichtigste dabei ist, im Blick zu behalten, dass egal, was du glaubst, egal, wie du dich entscheidest, dein Leben zu leben, ganz sicher ist, dass deine Entscheidungen darauf basieren, wer du bist. Es ist dein Leben und gehört niemandem sonst. Begreife, dass deine Handlungen aus der Tiefe deines Selbst geleitet werden, dass du wahrhaft bist und nicht durch Traditionen bestimmt wirst, die von Generation zu Generation weitergegeben wurden. Mein Vater ist Psychiater, und zwar ein wundervoller. Mein Großvater war auch Psychiater. Und obwohl ich sie beide sehr respektiere, entschied ich mich, ein Surfer zu werden, mit den Gezeiten durch mein Leben zu gehen, mit den Wogen des Ozeans. Ich habe es nie bereut.

Vertrau mir! Anders zu sein als alle anderen ist nicht unbedingt ein Nachteil, manchmal ist es sogar ein wahrer Segen.

KAPITEL 9

Du bist wichtig

Der wichtigste Freund, der Seite an Seite
mit dir durchs ganze Leben gehen wird,
bist du selbst

❊

Wir können andere nicht lieben,
wenn wir nicht zuerst gelernt haben,
uns selbst zu lieben.

Klingt das egoistisch? Absolut nicht!

In der heutigen Wettbewerbsgesellschaft lernen wir, dass wir zwei Möglichkeiten haben: zur Elite, zu den Gewinnern der Welt zu gehören oder einfach nur ein weiterer Verlierer zu sein.

Von der dritten Möglichkeit wird dir nichts erzählt: Du selbst zu sein. Wir müssen nur erst verstehen, wie falsch dieses Dogma der westlichen Gesellschaft ist, das uns immer wieder vorgaukelt, dass wir in einer »freien Welt« leben, obwohl wir in der Realität von Ketten, Regeln und Mauern umgeben sind, die uns nicht sein lassen, was wir sein wollen, oder uns nicht machen lassen, was wir mit unserem Leben machen wollen. Die Zeitungen und das Fernsehen schüren unsere Ängste: Kriege wüten auf der ganzen Welt. Mörder und Vergewaltigungen gibt es überall. Und doch sind alle diese »Gefängnisse« nur in unserem Geist und nirgendwo sonst. Sie wurden wie Computerchips in uns eingebaut, und an irgendeinem Punkt in unserem Leben haben wir uns daran gewöhnt und verlieren uns langsam in dieser Welt. Es gibt jedoch immer eine Möglichkeit, dein Leben, dein inneres Selbst, zurückzugewinnen.

Zuerst müssen wir verstehen, dass jeder von uns einzigartig ist, dass wir alle mit einem Geschenk auf diese Welt gekommen sind, und zu einem Zweck. Die Kunst ist, das Geschenk zu entdecken und in die Praxis umzusetzen. Dann beginnt die Reise des Lebens ihren wahren Sinn zu entfalten. Es ist eine Reise, auf der wir stolpern, lernen, hinfallen, weinen, lächeln, einen Schritt zurückgehen, um dann wieder zwei Schritte vorwärts zu gehen. Es ist eine magische Reise, auf der wir entdecken werden, dass das Wort »unmöglich« auch nur eine weitere Erfindung der Gesellschaft ist, in der wir leben, und dass die Angst vor der Angst überwunden werden kann, sodass sie sich in Luft auflöst.

Du wirst in diesem Leben niemals jemand anderen für deine eigenen Fehler verantwortlich machen können, noch kannst du irgendjemand anderem für deine Erfolge gratulieren.

*

Aber zuerst musst du lernen, dich selbst als der Mensch zu lieben, der du bist. Heute diktiert uns die Mode, dass es besser ist, dünn zu sein als dick, und nicht übergewichtig. Wenn du jedoch in ein Kunstmuseum gehst, wirst du feststellen, dass Künstler vor nicht allzu langer Zeit Frauen gemalt haben, die wir heute als pummelig bezeichnen würden. Doch zu damaliger Zeit bedeutete das etwas völlig anderes, es stand für Schönheit und Fruchtbarkeit.

Eine andere Krankheit, die durch unsere dekadente westliche Gesellschaft erschaffen wurde, ist die fürchterliche »Magersucht«, die in unserer Gesellschaft eine Plage zu werden beginnt. Ein Model, von irgendeinem berühmten Designer gekleidet, auf einem Laufsteg zu sehen, ist die eine Seite der Münze, die andere ist, wie Models leben.

Sie sind oft nur Haut und Knochen mit einem schönen Gesicht! Viele von ihnen haben ein miserables Leben. Einige gehen nach dem Essen ins Badezimmer, um das Essen wieder zu erbrechen. Noch einmal, die Konkurrenz mit anderen bringt ihr Leben ziemlich durcheinander. Obendrein ist das inzwischen der Traum vieler unschuldiger junger Mädchen mit schönen Gesichtern. Es ist ein Traum, der sich früher oder später in den schrecklichsten Albtraum verwandeln wird. Sie sind in einem inneren System gefangen, das ihnen vorschreibt, wie sie auszusehen haben, um akzeptiert zu werden.

Ähnliches gilt für Männer: Wir werden dazu gedrängt, fit zu sein, jedoch nicht notwendigerweise gesund. Sport zu betreiben ist ein Muss. Nur um bewundert zu werden, geht es darum, stärkere Muskeln zu bekommen, flache Bäuche. Während die wichtigen Dinge des Lebens mit unseren physischen Augen nicht gesehen werden können: Frieden, Spiritualität, Liebe, wahre Freiheit und Glücklichsein.

Daher müssen wir uns zuerst selbst so lieben, wie wir sind!

*

Es gibt ein wundervolles Zitat der Anonymen Alkoholiker (AA), verwendet auf der ganzen Welt, das wir uns jeden Morgen beim Aufwachen vergegenwärtigen sollten:

Gott, gib mir, die Gelassenheit, Dinge hinzunehmen, die ich nicht ändern kann, den Mut, Dinge zu verändern, die ich ändern kann, und die Weisheit, das eine vom anderen zu unterscheiden. (©AA)

Um nüchtern zu bleiben, muss ein Alkoholiker tief in seinem Herzen akzeptieren, dass er kein Trinker ist, sondern ein Mensch mit einer genetisch bedingten Suchtkrankheit. Ihre einzige Möglichkeit, nüchtern zu bleiben, besteht darin, zu akzeptieren, dass sie Alkoholiker sind und dass ihre Krankheit nichts mit Willenskraft zu tun hat. Sie müssen ihre ganze Pleite eingestehen. Dann, und nur dann, werden sie in wahrer Demut erkennen können, dass es Millionen von Menschen auf der Welt gibt, die unter derselben Krankheit leiden, und dass sie ihre Krankheit nicht heilen können. Doch sie können mit Sicherheit aufhören zu trinken, wenn, und nur wenn, sie demütig genug sind, um Hilfe zu bitten. Dann können sie, wenn sie immer nur einen Tag nach dem anderen angehen und nicht trinken, erkennen, dass das Beste ihres Lebens noch vor ihnen liegt. *Sie müssen lernen, sich selbst als den Menschen zu akzeptieren und zu lieben, der sie sind.*

Der Tag, an dem du in der Lage sein wirst, dich selbst im Spiegel anzuschauen und zu lieben, und zu akzeptieren, was du siehst, wird vermutlich einer der wichtigsten Tage deines Lebens sein. Letztendlich wirst du erkennen, dass du nicht die Schönste, die Attraktivste, der Schlaueste oder der Größte sein musst. Liebe dich selbst und sei dankbar dafür, dass du dein Leben leben darfst. Du brauchst dich mit niemandem mehr zu vergleichen. Das Leben schuldet dir nichts. Es ist nur ein Geschenk des Universums. Doch was du mit deinem Leben anfängst, wird das größte Geschenk sein, das du dem Universum geben kannst.

Liebe dich also so, wie du bist! Hör auf, mit anderen zu konkurrieren! Sei du selbst, und sei glücklich mit dem, wer oder was du bist! Schenke dir an jedem Tag deines Lebens ein Versprechen: Dass du heute versuchen wirst, ein besserer Mensch zu werden als gestern, und dass du morgen dasselbe versuchst.

Lebe jeden Tag aufs Neue für den Rest deines Lebens.

Nur dann, wenn wir uns selbst so lieben, wie wir sind, werden wir schließlich in der Lage sein, auch andere so zu lieben, wie sie sind.

Niemand ist perfekt. Darum sind wir Menschen! Perfektion ist wie die Linie am Horizont, eine Linie, die wir nicht erreichen können. Aber wir können auf sie zugehen. Sobald wir wieder wir selbst werden, wird die Stimme des Herzens uns den einzigartigen Weg zeigen, den jeder von uns auf den Horizont zugehen muss. Denn glücklich zu sein und wahre Sinnhaftigkeit erlebt man nicht am Ende der Reise, sondern auf der Reise selbst. Es ist eine Reise, in der deine eigenen Träume sich verwirklichen werden …

Ich habe gelebt.
Ich habe geliebt.
Ich habe verloren.
Ich habe verletzt.
Ich habe meine Fehler gemacht.
Doch vor allen Dingen habe ich gelernt.
Jetzt weiß ich endlich, wer ich bin!

SERGIO BAMBAREN

KAPITEL 10

Lebens-Zeit

Der größte Schatz unseres Lebens ist unsere Zeit

*

Wir müssen lernen, dass das,
was die »wichtigen Leute« Zeitverschwendung nennen,
in Wirklichkeit genau das Gegenteil ist.
Es ist besser, einen Teilzeitjob zu haben,
gut mit seinen Mitteln hauszuhalten,
Zeit zu haben, und sie zu nutzen, um das zu machen,
was man gern macht, anstatt für die nächsten
20 oder 30 Jahre des Lebens in einer
Mini-Bürozelle zu arbeiten.

In allen Ecken der Welt vollzieht sich gegenwärtig eine stille Revolution. Manche Menschen haben sie bereits vollzogen. Andere denken daran, es zu tun, und manche sind noch in der Falle, weil sie Angst haben, den »Käfig« zu verlassen. Letztere werden zum Sklaven der Wenigen, die ihnen das letzte bisschen Energie aussaugen möchten, um ihre Habgier zu befriedigen.

Außerdem erkennen inzwischen viele Menschen, dass sie ihr finanzielles Ziel schon vor ihrem Rentenalter erreicht haben. Welchen Sinn ergibt es dann zum Beispiel, weiter von Montag bis Freitag, von 9 Uhr bis 17 Uhr, in einem engen Büro zu arbeiten, wenn du entdeckst, innehältst und nachdenkst, dass deine Finanzen für deinen »sorgenfreien« Ruhestand bereits zufriedenstellend geregelt sind? Warum sollten wir auf die »goldenen Jahre« warten, um das zu vollbringen, was wir gern machen, wenn wir diese Dinge auch vorher schon tun können? Warum solltest du zu einem Zeitpunkt in den Ruhestand gehen, der dir vorgegeben wird? In meinem besonderen Fall war es so, dass ich im Alter von 34 Jahren in den Ruhestand ging. Meine Finanzen waren so gut geregelt, dass ich ein friedvolles Leben genießen konnte. Ich hatte kein sehr dickes Bankkonto. Doch ich habe gelernt, mit dem zu leben, was mir zur Verfügung steht. Natürlich wurde ich von allen Seiten mit Fragen bombardiert: Hey! Du hast in jungen Jahren schon so viel erreicht, kannst du dir dann nicht vorstellen, was du in zwanzig Jahren erreichen könntest?

Ich hatte Glück. Ich hatte bereits gelernt, auf meine innere Stimme zu hören, und der Horizont sah kristallklar aus. Ich wünschte nichts mehr, als Zeit zu haben, ich selbst zu sein und die Dinge zu tun, die ich gern tat: hilfreich für andere zu sein, andere zu unterstützen, zu geben, ohne einen Gegenwert zu verlangen, meine Botschaft zu verbreiten, in sich bewegendem Wasser zu gleiten, mit Delfinen und Walen zu schwimmen, zu lernen, zu lieben und ab und zu an den besonderen Platz zu gehen, den ich so liebe, um einfach nur da zu sein und nichts zu tun. Ich wollte kostbare Zeit mit meinem Sohn und mit der Frau, die ich liebe, verbringen, wollte lesen, schreiben, verrückte Dinge tun und mich weiter auf die Linie am Horizont zubewegen.

Bitte versteh mich nicht falsch. Ehrlich zu arbeiten, nährt den Geist. Es geht nur darum, was dir die Arbeit bedeutet!

*

Ich habe viele Menschen getroffen, die Angst vor dem Tag hatten, an dem sie in den Ruhestand gehen würden. Sie wissen nicht, was sie mit ihrer freien Zeit anfangen sollen. Sie glauben, dass sie dann nutzlos sein werden, dass sie vergessen werden, und dass die neue Generation sie beiseiteschieben wird.

Verändere den Chip in deinem Gehirn! Das Abenteuer beginnt gerade erst! Nimm das Bild deiner Kindheit, das du in deinem Herzen versteckt hast, und erlaube dem Kind, das du immer sein wirst, dich durch den Rest deines Lebens zu führen. Befreie dich von den Ketten und erlaube dem Kind, seine Flügel auszubreiten und seinen Träumen entgegenzufliegen.

Eines kann ich dir versprechen: Es wird die beste Sache, die du je erlebt hast! Es wird eine Reise, die dein Herz und deine Seele mit den schönsten Erinnerungen erfüllen wird, die du mit dir nehmen wirst, wenn die Zeit gekommen ist, zu der du diese Welt verlässt. Vergiss niemals, dass deine Zeit und deine Träume die einzigen Dinge sind, die dir wirklich gehören. Alles andere im Leben ist nur geliehen!

*

Neulich las ich einen Artikel von Bloomberg. Er schrieb:

»Seinen Job zu kündigen, scheint in den USA zurzeit recht populär zu sein, ein Zeichen dafür, dass der Arbeitsmarkt in diesem Land stärker wird. Den Daten zufolge, die in dieser Woche vom ›Bureau of Labor Statistics‹ [eine Abteilung des Arbeitsministeriums] herausgegeben wurden, verließen im Dezember letzten Jahres mehr als drei Millionen US-Bürger ihre Arbeitsstelle, die höchste Zahl seit 2006. Die Quote der Kündigungen, die die Anzahl all der Menschen wiedergibt, die jeden Monat gearbeitet und dann gekündigt hatten, erreichte damit seit sieben Monaten ihren höchsten Stand. Im Allgemeinen sind die Ökonomen zufrieden, wenn die US-Bürger sich so sicher fühlen, dass sie sich von ihrem Chef verabschieden. Denn wenn die Leute nur kurz in einer Arbeitsstelle verharren, ist das ein Zeichen dafür, dass die Ökonomie gut floriert, und es zeigt, dass die Menschen darauf vertrauen, dass sie anderswo wieder eine Arbeitsstelle finden können.

Doch jetzt sind wir mit einer weitreichenderen Veränderung ihrer Einstellung konfrontiert, denn die meisten Angestellten des Landes, die zu der jungen Generation gehören und um die Jahrtausendwende herum geboren wurden, scheinen sich kategorisch dagegen zu entscheiden, den Rest ihres Lebens am Schreibtisch zu verbringen. Dem Pew-Forschungszentrum zufolge stellte die Jugend im Alter zwischen 18 und 34 Jahren im letzten Jahr den größten Anteil des Arbeitsmarktes der Vereinigten Staaten.

Pew zufolge wird erwartet, dass die Arbeitnehmerschaft der jungen Generation weiterhin zunimmt, wobei College-

Absolventen und neue Immigranten, die im Durchschnitt noch jünger sind, zu dieser Gruppe, die 53 300 000 Menschen zählt, noch hinzukommen. Studien bestätigen, dass viele von ihnen unstet zu sein scheinen. Einer Umfrage von Deloitte in 29 Staaten zufolge, die in diesem Jahr unter 7500 Angestellten mit Collegeausbildung, die nach 1982 geboren wurden, durchgeführt wurde, wird die Mehrzahl der um die Jahrtausendwende herum Geborenen ihre Arbeitsstelle in der nahen Zukunft verlassen. 66 Prozent von ihnen erwarten, dass sie in fünf Jahren oder eher eine andere Arbeitsstelle haben werden. 44 Prozent sagten, dass sie innerhalb der nächsten zwei Jahre kündigen würden. Und 25 Prozent von ihnen sagten, dass sie noch in diesem Jahr eine neue Arbeitsstelle annehmen oder ›etwas völlig anderes machen‹ würden. Die US-amerikanischen Arbeitskräfte dieser Generation verhielten sich im Vergleich zur Weltbevölkerung insgesamt etwas loyaler, jedoch nicht viel. Nur 29 Prozent von ihnen sagten, dass sie planten, länger als fünf Jahre in der Firma zu bleiben, für die sie gegenwärtig arbeiteten. Kurz, wir leben in einer Zeit unsteter Beschäftigter!«

© Bloomberg, 13. Februar 2016

*

Was also als stille Bewegung einiger weniger anfing, scheint jetzt das globale Bewusstsein zu erreichen. Wir könnten dieses Phänomen als erstes Anzeichen des Zusammenbruchs der westlichen Gesellschaft interpretieren. Oder anders herum, dass die Erwachsenen von heute zu erkennen beginnen, dass das Leben viel mehr zu bieten hat, als Geschäftsführer einer Firma zu sein oder ein riesiges Gehalt zu bekommen. Die westliche Gesellschaft verlangt nach einer Veränderung, nicht um das System zu zerstören, sondern um es aufzuwerten.

Viele, mehr als je zuvor, haben inzwischen erkannt, dass sie ein Leben leben dürfen, das auf ihren Zielen und Träumen basiert. Sie haben erkannt, dass es mehr als die zwei Wahlmöglichkeiten der Konsumgesellschaft im Leben gibt. Es gibt nicht nur Gewinner oder Verlierer, nicht nur Spieler auf dem Feld oder auf der Tribüne sitzende Zuschauer, wie es dem alten, gesellschaftlichen Standard entsprach, sondern es gibt eine dritte Wahlmöglichkeit:

Wir können das ganze Spiel einfach vergessen und Herr unseres eigenen Lebens werden. Sie brauchen uns. Um den Status Quo zu erhalten, wollen sie, dass wir weiterarbeiten. Doch wir brauchen sie absolut nicht.

Wir können diesen weltweiten Bewusstseinswandel durch eine andere Perspektive beweisen, eine, die uns helfen kann, die wichtigste Entscheidung des Lebens zu treffen, um das Leben zurückzugewinnen.

Hast du schon einmal feststellen können, dass Menschen mit einer Nahtod- oder ähnlicher Erfahrung danach nie wieder so gelebt haben wie zuvor? Nahtoderfahrungen können sich während einer Operation oder eines Unfalls ereignen.

Manche haben dabei das Gefühl, dass sie außerhalb ihres physischen Körpers schweben. Andere wiederum beobachten ein helles Licht in diesen wenigen Sekunden, während der die Ärzte mit ihren Apparaten feststellen, ob der physische Körper der betreffenden Person für kurze Zeit »gestorben« ist. Was ich an all diesen Nahtodepisoden so erstaunlich finde, ist, dass der Mensch, von dem du glaubtest, dass du ihn kanntest, nach seinem kurzen Weggang nicht mehr derselbe ist wie zuvor. Die Menschen werden friedvoller, spiritueller und furchtloser. Sie lieben es, die einfachen Dinge des Lebens zu genießen. Sie hören nicht mehr auf die Gesellschaft, in der wir leben, und sie sind nie wieder im »Käfig« gefangen.

Natürlich wird uns das von vielen Ärzten als Halluzinationen verkauft, als Nebenwirkungen der Betäubungsmittel oder als reine Fantasie, so als ob der Patient einen Joint geraucht hätte. Nur sehr wenige Ärzte gestehen heimlich und leise, als ob sie nicht wollten, dass irgendein Kollege zuhört, dass das, was mit seinem Patienten passierte, etwas war, das er »niemals zuvor erlebt hat, fast wie ein Wunder«.

Ja, liebe Freunde, wir alle kennen wenigstens einen Menschen, der solch eine außergewöhnliche Erfahrung in seinem Leben gemacht hat. Viele haben keine Angst mehr vor dem Tod oder plötzlich ohne Geld dazustehen. Und sie grämen sich nicht mehr darüber, wie sie ihre Schulden bezahlen oder ihre Kreditkarten decken sollen. Es ist so, als ob alle diese Ängste, von denen viele ihr Leben lang geplagt werden, sich aus irgendeinem außergewöhnlichen Grund in Luft aufgelöst haben. Menschen mit Nahtoderlebnissen beginnen, den wahren Schätzen des Lebens, der Familie, den Freunden und der Natur mehr Bedeutung beizumessen. Ich weiß nicht, ob man das Glücklichsein messen kann. Doch man kann es an ihnen beobachten und sehen, dass sie ein viel friedlicheres Leben haben, und dass all die kleinen Dämonen, die auch in ihrem Geist gelebt haben, ein für alle Mal verschwunden sind.

Ich habe es gesehen. Es hat mir niemand erzählt. Ich habe es nicht in der Zeitung gelesen oder im Fernsehen gesehen. Ich hatte das große Glück, viele Menschen mit diesen Erfahrungen auf allen Kontinenten, aller Geschlechter und Altersstufen zu treffen. Meine Reisen um die Erde waren Zeugen all dieser »Wunder«. Es gibt sie. Sie atmen und leben immer noch.

Kürzlich gab es einen »Boom« an Fotobüchern mit Titeln wie: *100 einzigartige Orte, die schon bald verschwinden könnten*, *1000 Traumziele*.

Diese Liste kann ich noch verlängern. Diese Bücher sind mit Fotos von Orten unglaublicher Schönheit zusammengestellt, von denen wir niemals ahnten, dass sie existieren. Einige von ihnen sind ganz in unserer Nähe. Für andere setzt du dich einfach ins Flugzeug und in fünf Stunden bist du da. Immer mehr Leute stöbern in Buchläden in diesen Büchern.

Warum arbeiten wir überhaupt 30 oder 40 Jahre unseres Lebens in kleinen Bürozellen?

Ich bin das Risiko eingegangen aufzuhören und habe niemals zurückgeschaut. Ich bin an Orten gewesen, die man mit Worten nicht beschreiben kann, weil ihre Schönheit über

jegliches menschliches Vorstellungsvermögen hinausgeht. Und diese Orte waren schon immer da. Ich habe mir einfach die Zeit genommen, dort zu sein.
Glaube mir, da beginnen Gefühle durch jede Zelle deiner Haut zu rieseln, die du dir nicht einmal vorstellen kannst. Es ist so, als ob endlich alles beginnt, sinnvoll zu sein. Alle Ängste und Zweifel verschwinden. Es fühlt sich wie ein Neubeginn an, wie neu geboren zu werden.

Das Leben, das uns gegeben wurde, ist ein Geschenk des Universums. Was wir mit unserem Leben anfangen, wird unser Geschenk an das Universum sein. Vergebt mir, dass ich ein bisschen ungehalten werde, wenn ich jemanden sagen höre:

»Für mich ist es bedauerlicherweise zu spät.«

Es ist für niemanden jemals zu spät, egal wie alt du bist, egal wie stark du ins Leben verstrickt oder ob du ernstlich krank bist. Denn am Ende deines Lebens werden diese Entschuldigungen keine Bedeutung mehr haben. Du wirst schließlich erkennen, dass bloß die Angst dich zurückgehalten hat, und das wird ein sehr trauriger Tag für dich.

*

Von all den wunderbaren Briefen, die ich von Lesern aus der ganzen Welt erhalten habe, gibt es eine Briefschreiberin, von der ich euch berichten möchte. Sie ist ein ganz besonderer Mensch, die etwas lebt, von dem ich hoffe, dass ich es auch einmal in meinem Leben erreichen werde. Ihr Name ist Sabrina. Sie lebt in Norditalien, in einem winzigen Städtchen in der Nähe der Alpen.

Sie ist 95 Jahre alt und schreibt mir etwa alle zwei Monate. Während einer meiner Buchpräsentationsreisen nach Italien besuchte ich sie, ohne mich zuvor anzukündigen. Mein erster Eindruck von ihr war der von einem kleinen Mädchen, das in einen zerbrechlichen Körper gekleidet war. Sie hat mich sofort erkannt. Wir umarmten uns lange, mit Tränen in meinen Augen. Es fühlte sich so an, als hätte ich sie schon mein Leben lang gekannt. Ich weiß, dass sie genauso fühlte, denn Sabrina ist mit ihren 95 Jahren immer noch eine wahre Träumerin. Sie ist ein wundervoller Mensch, der den Rosenduft genießt, und für den jeder Tag ein Abenteuer ist. Ich spürte so viel Weisheit in so einem zarten Körper.

Ich blieb ein paar Tage bei ihr und lernte vermutlich so viel für mein Leben wie seit Jahren nicht. Der Anblick der Alpen von ihrem Garten aus verschlug mir den Atem.

Bevor ich abreiste, stellte ich ihr eine Frage, die schon lange in mir schwelte. »Warum gefallen dir meine Bücher so gut?«, fragte ich sie.

Sie kam auf mich zu, legte ihre Hand auf meine Wange, und sagte mit ihren wunderschönen, grünen Augen, die wie Sterne leuchteten:

»Ich liebe deine Bücher, Sergio, weil du Bücher für Kinder zwischen fünf und einhundert Jahren schreibst, für all diejenigen, die immer noch träumen, egal wie jung oder alt sie sind. Für all die Menschen, die das Leben entdeckt haben, um dessentwillen sie geboren wurden, und die immer noch lebendig sind.

Als ich jünger war, verließ ich mein kleines Dörfchen und traf viele Menschen. Und was ich sah, waren Leute, deren Seelen, ob-

wohl sie noch lebten und herumspazierten, schon tot waren. Also kam ich in mein kleines Dorf zurück und blieb für immer hier. Und wenn die Zeit gekommen ist, werden meine Knochen in diesem Garten vergraben. Bis dahin ist jeder neue Tag ein Geschenk des Lebens für mich, das ich aus vollstem Herzen lebe.«

*

Das war eine der schönsten Lektionen, mit denen ich gesegnet wurde. Sabrina gibt es wirklich. Sie lebt in Norditalien in der Nähe der Alpen.

Das ist keine Geschichte, die mir jemand erzählt hat. Ich bin dort gewesen. Und genau das ist es, was den himmelweiten Unterschied ausmacht!

Jedes meiner Bücher ist real. Mein Traum ist es nicht, Bücher zu verkaufen, das ist es nie gewesen. Das Leben hat, als ich den wahren Sinn meines Lebens herausfand, einen Schriftsteller aus mir gemacht. Ich öffne einfach nur mein Herz, spreche mit der Stimme meines Herzens und drücke aus, was ich fühle oder getan habe. Das ist ein reiner Akt der Liebe. Der Rest ergibt sich daraus. Ich gebe denen, die es mehr brauchen als ich, 90 Prozent meiner Tantiemen. Vielleicht denkst du, dass so viel wegzugeben verrückt sei. Doch wenn du nur sehen könntest, was ich fühle ..., und das kannst du ...

KAPITEL 11

Drei Dinge fürs Leben

Die drei wichtigsten Dinge, die ein Lied der Freude aus unserem Leben zaubern

*

Wir müssen lernen zu vergeben und zu vergessen.
Wir müssen demütig sein und lernen,
was es heißt zu akzeptieren.
Es gibt Worte, die wir für immer aus unseren Herzen
und aus unseren Köpfen löschen sollten.

Wie oft in unserem Leben haben wir durch einen anderen Menschen gelitten?

Wie oft sind wir bei einem Geschäft übers Ohr gehauen worden, weil unser Geschäftspartner letztendlich nicht so ehrlich war, wie wir dachten?

Wie viele falsche Versprechungen wurden uns im Leben gemacht, die eigentlich nichts als leere Worte waren?

Wie oft haben andere uns manipuliert, damit sie das bekommen, was sie von uns haben wollen?

Wie viele von uns wurden als Kinder körperlich misshandelt, vielleicht von jemandem aus der Familie, der zu viel getrunken hat?

Ja, niemand hat gesagt, dass das Leben fair ist. Es gibt so viele Fragen, auf die wir niemals eine Antwort bekommen können. Warum hat er das getan? Warum hat er mir wehgetan? Was habe ich falsch gemacht?

Welch eine Frage. Niemand wählt bewusst selbst aus, wo und wie er geboren wird. Ich habe keinen Menschen getroffen, der keine Probleme hat, sei es finanzieller Art, eine Krankheit, Familien- oder Beziehungsprobleme, mich selbst natürlich nicht ausgenommen.

Sind wir dazu verdammt, unter anderen Menschen zu leiden? Ist es das, worum es im Leben geht?

Nein, alle diese Dinge passieren uns, einfach weil wir Menschen sind. Wir sind nicht vollkommen, nicht einmal nahe dran!

Wir alle machen Fehler in unserem Leben. Wir haben uns alle schon einmal mies verhalten, vielleicht sogar ohne dass es uns bewusst war. Es ist Teil unserer menschlichen Natur.

Aber noch einmal, die größten Vorwürfe sollten wir der Gesellschaft machen, in der wir leben. Manchmal glauben wir, die Wahrheit zu kennen, obwohl das gar nicht der Fall ist. Wir erinnern uns noch deutlich an die Zeit des Kalten Kriegs. Damals glaubten wir, dass der Kommunismus der Feind sei und wir in einer freien Welt lebten, während die anderen, jenseits des Eisernen Vorhangs, sich nicht einmal frei ausdrücken durften.

Aber natürlich leben wir auch in einer unfreien Gesellschaft, es gibt Menschen in unseren Gefängnissen, die dort nicht sein sollten. Wir haben die Sexualität und die Pornografie bis an den Rand des Unmenschlichen getrieben. Illegale Drogen und Videospiele führen dazu, dass unsere Kinder oft in einer Scheinwelt leben. Lies nur eine Zeitung. Verurteilungen stehen an erster Stelle. Es ist den Menschen inzwischen egal, wenn ein zerbombter Körper aus irgendeinem armen, unbekannten Krieg farbig auf der ersten Seite steht. Solange dadurch mehr Zeitungen verkauft werden, schert sich niemand darum. Das ist unsere Redefreiheit.

Nachdem ich mehrere Male um die ganze Erde gereist bin, schaute ich mir neulich zufällig CNN an und war entsetzt, wie verzerrt und voreingenommen manche Nachrichten sind. Es wird alles nur aus der westlichen Perspektive beschrieben, obwohl niemand die ganze Wahrheit kennt. Sexskandale, Kriege, durch die unsere wundervolle »Freiheit« und unser Lebensstil verteidigt werden sollen, Kollateralschäden, das heißt, das Töten unschuldiger Menschen im Krieg, was die westliche Gesellschaft als Erste eingeführt hat, und »politische Korrektheit« (PC) prägen unsere Welt.

Haben wir denn nichts gelernt?

Ich betrachte mich selbst nicht als religiösen Menschen, obwohl ich jede einzelne Religion respektiere. Ich fühle mich näher bei Gott, wenn ich mit Delfinen schwimme, wenn ich meinen Sohn lächeln sehe, wenn ich in irgendeiner Ecke der Erde einen Sonnenuntergang beobachte oder wenn ich jemandem etwas schenke, ohne um eine Gegenleistung zu bitten. Ich bin ein spiritueller Mensch.

Und doch hat vor mehr als zweitausend Jahren ein Mann gelebt, der es mit so einfachen Worten gesagt hat: *Liebt ande-*

re so, wie ich euch geliebt habe. Und als er schließlich – ohne eine Sünde begangen zu haben – gekreuzigt wurde, waren unter anderem seine letzten Worte: »*Vater vergib ihnen, denn sie wissen nicht, was sie tun …*«

Diese beiden Sätze werde ich nie vergessen. Ich glaube, wir sollten sie alle nie vergessen. Es ist so einfach. Doch manchmal machen wir alles sehr kompliziert.

Es geht darum, zu vergeben und zu vergessen, demütig zu sein und uns immer daran zu erinnern, dass wir nicht das Zentrum des Universums sind, sondern nur ein Teil von etwas viel Größerem, von etwas zweifellos Wunderbarem. Und es geht darum zu akzeptieren, dass wir als Menschen Fehler machen, große und kleine, so wie jeder andere. Wir müssen lernen, zu vergeben und zu vergessen.

Wenn jemand eine bessere Lösung hat, dann bin ich sehr interessiert daran, mir etwas darüber anzuhören …

*

Was ist die wirkliche Bedeutung des Wortes »Akzeptanz«? Wie können wir dieses wundervolle Wort verstehen und umsetzen, um eine bessere Welt zu erschaffen?

Akzeptanz ist ein bedeutungsvolles Wort, jedenfalls in meinem Leben. Es drückt eine persönliche mentale und spirituelle Entscheidung und Einstellung aus, die meine Reise in Richtung meiner Träume viel sanfter hat verlaufen lassen.

Als ich jung war, versuchte ich die Welt zu ändern. Heute bin ich darum bemüht, dass die Welt mich nicht verändert.

Als Träumer, der ich nun einmal bin, dachte ich, dass ich den Menschen verständlich machen könnte, dass gut zu sein etwas ist, das nicht gepredigt werden sollte, sondern eine ganz alltäglich Einstellung eines jeden Menschen, und dass Geben anstatt Nehmen die Norm des Verhaltens auf der ganzen Erde sein sollte.

Doch als ich aufwuchs und allein hinausging, um die reale Welt zu erfahren, war ich erstaunt, auf welche Weise Gut und Böse gleichzeitig in unserer Welt existieren. Zuvor war ich davon überzeugt, dass die Welt ein Ort voller glücklicher Menschen ist, die das Richtige tun, und zwar an andere zu denken anstatt an sich selbst. Die Realität ließ mich gegen die Wand laufen. Ich habe immer an Fairness geglaubt, daran, dass meine Rechte dort enden, wo die Rechte eines anderen Menschen beginnen. Ich könnte weiter und weiter beschreiben, was ich als fair betrachte.

Wie sehr ich mich geirrt hatte! Neben der realen Welt gibt es eine Welt im Untergrund, über die nur wenige Menschen sprechen, von der die meisten jedoch wissen, dass sie existiert.

Dort existiert die Einstellung, dass Betrug in Ordnung ist, solange man nicht erwischt wird. Es ist der Bereich, in dem Politiker und Konzerne/Unternehmer geheime Absprachen treffen, von denen niemand etwas weiß. Ein Ort, wo bestochen wird und das Schlechte die Oberhand hat. Es ist ein Schattenbereich, in dem man alles tun kann, was illegal oder unmoralisch ist, solange man nicht erwischt wird. Aus den Augen, aus dem Sinn!

Diese Zwischenwelt gibt es überall auf der Erde. Man will es sich leicht machen, egal ob man ehrlich ist oder nicht. Manche Menschen versprechen dir etwas ins Gesicht und machen dann, wenn du nicht hinschaust, genau das Gegenteil, nur aufgrund der einfachen Tatsache, dass du an ihren Handschlag geglaubt hast. Die meisten Menschen sind unabhängig von ihrer Rasse, ihrer Religion und ihres Geschlechts wundervolle, korrekte Personen, und zwar mit der Tendenz gut zu sein. Ich habe sie mit eigenen Augen gesehen und so wahrgenommen.

Bedauerlicherweise sind diese Leute nicht die Entscheidungsträger der Erde, eher leiden sie unter den Konsequenzen derjenigen, die die Macht haben, unsere Leben zu beeinflussen. Es sind die Habgierigen, diejenigen, die sich dem Rest der Menschheit überlegen fühlen, die Fanatiker und auch die, die niemals auf den Gedanken gekommen sind, dass das Leben heilig ist. Für sie rechtfertigt das letztendliche Ergebnis, die Maßnahmen, es zu erreichen, egal wie viel Schaden anderen oder der Natur dadurch zugefügt wird. So einfach ist das.

Früher habe ich, ein einfacher Mensch, versucht, gegen diese Übel anzukämpfen. Bis ich eines Tages erkannte, dass ich zwar ein paar Kämpfe gewinnen konnte, jedoch nichts gegen die Kriege und die allgemeine Habgier zu tun vermochte, mit denen ich an jedem Tag meines Lebens konfrontiert bin, selbst wenn ich all meine Energie aufwenden würde, um der Grausamkeit ein Ende zu bereiten. Schließlich akzeptierte ich die Wahrheit der Gesellschaft, in die ich hineingeboren wurde.

Das heißt natürlich nicht, dass wir uns daran gewöhnen sollten, wie die Gesellschaft funktioniert! Was ich mit Obigem meine, ist, dass ich die Last von meiner Schulter nehmen konnte, indem ich die mich umgebende Realität akzeptierte, da ich sie nicht verändern konnte, und aufhörte, meine Energie und meine Zeit damit zu verschwenden, andere von meinen Prinzipien zu überzeugen.

Also habe ich etwas anderes versucht. Ich begann, in der Stille zu »predigen«, nicht mit Worten, sondern mit meinem Beispiel, ich lebte es. Ich tat mein Bestes, um ein guter, ehrlicher und fairer Mensch zu sein. Ich fing an, mehr zuzuhören als zu reden. Ich verschenkte meine Zeit, um anderen zu helfen, egal ob es jemand bemerkte oder nicht.

Dann geschah etwas Außergewöhnliches. Die meisten Menschen, mit denen ich im Alltag zu tun hatte, begannen zu lächeln und versuchten, auf die eine oder andere Art und Weise, selbst bessere Menschen zu werden. Nicht alle, aber die meisten. Um meine kleine Welt herum trat langsam ein universelles Bewusstsein in Erscheinung. Und ich habe viele gesehen, die in ihrer Welt dann dasselbe taten. Es funktioniert!

Hast du auch bemerkt, dass immer mehr Menschen zu Vegetariern werden, insbesondere in der jüngeren Generation? Das geschieht nicht aufgrund ihrer Religion, ihres Glaubens oder weil sie sich dann gesünder fühlten. Es passiert, weil viele Menschen die Grausamkeit erkennen, die darin besteht, Tiere zu schlachten, deren einziger Grund zu leben es war, gefüttert, getötet und dann von uns Menschen gegessen zu werden. Ich erlebe es bei meinem Sohn und seinen Freunden. Sie beginnen, den Mund aufzumachen, und die Leute hören ihnen zu, Menschen, die ihre Gedanken mitteilen, zuvor jedoch nie mutig genug waren, es für sich selbst auszusprechen. Diesmal werden sich einige Dinge ändern, schon aufgrund der vielen Leute, die in der New-Age-Bewegung engagiert sind.

Sobald du die Erkenntnis gewinnst, dass zwei Menschen niemals gleich sind, wirst du dein Leben verändern. Letztendlich wirst du die Zeit finden, deine positive Einstellung durch friedliche Handlungen auszu- drücken. Vielleicht kannst du die Welt nicht retten. Aber du kannst mit Sicherheit ein Leben retten, für den Rest deines Lebens, ein Leben nach dem anderen …

*

Wenn wir eine gewisse Ebene der Spiritualität erreicht haben, erkennen wir, dass manche Dinge, die uns wichtig waren, irgendwann nicht mehr wichtig sind. Wenn wir anfangen, den materiellen Dingen, die wir besitzen, weniger Bedeutung beizumessen, dann öffnet sich eine neue Welt vor uns.

Manchmal führt uns das Leben auf merkwürdige, jedoch wunderbare Wege. Wenn wir lernen zu vergeben und zu vergessen und uns selbst so akzeptieren, wie wir sind, und wenn wir begreifen, dass manche Tage besser sein werden als andere, dann erreichen wir eine Stufe des Lebens, die so einfach ist, dass sogar Kinder sie verstehen können. Fortan gehen wir mit Heiterkeit und Freundlichkeit durch die Reise des Lebens, wie zum Zeitpunkt unserer Geburt. Dann verbringen wir immer mehr Zeit auf der Sonnenseite des Lebens. Probleme werden unwichtiger und sogar die einfachen Arbeiten des alltäglichen Lebens erscheinen uns viel angenehmer.

Wir betrachten das Leben aus einer anderen neuen Perspektive und können die kleinen Dinge, die an jedem Tag geschehen, wie zum Beispiel ein Kind lächeln zu sehen, mehr genießen. Künftig sind die sich ewig verändernden Farben der Blätter nicht nur schön anzusehen. Jetzt erkennen wir, wie sich unmittelbar vor unseren Augen ein Wunder vollzieht. Wir werden uns nicht mehr darüber beschweren, wie kalt es im Winter ist oder wie heiß im Sommer. Dann passen wir uns den Veränderungen der Jahreszeiten einfach an und sehen in jeder von ihnen die Schönheit. Nun geschieht etwas Wunderbares mit uns. Wir verwandeln uns wieder in wirkliche Menschen und lassen all die Vorurteile, Regeln, Dogmas und die Angst davor, was andere denken, zurück. So gewinnen wir unser Leben zurück. Der »Käfig« verwandelt sich in eine verschwommene Erinnerung, die eines Tages schließlich ganz verschwinden wird. Dann sind wir endlich frei.

*

Es wird etwas Wunderbares in deinem Herzen geschehen. Wenn du wahres Glücklichsein erreichst, werden einige Wörter und Gefühle in dir einfach verblassen. Endlich wirst du niemals wieder in der Lage sein, jemanden zu beneiden. Wie können wir jemanden beneiden, wenn wir unser Leben lieben?

Du wirst auch nicht mehr in der Lage sein, einen anderen Menschen zu hassen. Das Wort »Habgier« wird der Vergangenheit angehören. Das Wort »Rache« wird dich erzittern lassen, wenn du nur daran denkst. Du wirst verstehen, dass Neid nur bedeutet, dass du dich mit jemand vergleichst und dich so nur selbst wieder mit einem negativen Gedanken belastest. Niemand außer dir selbst, macht das. Vielleicht fühlst du dann auch Wut. Mach das nicht! Wetteifere nur mit dir selbst.

Wenn wir unseren Seelenzustand erreicht haben, wollen wir nie wieder der Größte, der Schlaueste oder der Intelligenteste sein. Wir möchten nie wieder mit anderen konkurrieren. Dann haben wir wahren Frieden gefunden. Nun haben wir die Bedeutung des Wortes Akzeptanz verstanden. Jetzt werden wir lernen, dass der einzige Mensch, mit dem wir für den Rest unseres Lebens wetteifern müssen, wir selbst sind. Wir werden in einen Spiegel schauen und uns anlächeln können, weil wir gelernt haben, uns selbst so zu lieben, wie wir sind.

Du wirst dir selbst versprechen, dass du morgen versuchen wirst, ein etwas besserer Mensch zu sein als heute. Wenn du diese einfache Übung jeden Tag machst, die sich niemals wie eine Routine anfühlen wird, wirst du sogar noch glücklicher darüber sein, dass du der Mensch bist, der du bist. Dann fängst du an zu verstehen, dass es besser ist zu geben anstatt zu nehmen. Du wirst herausfinden, dass es der größte Schatz der Welt ist, etwas zu geben, ohne etwas zurückzuverlangen. Das wird für dich selbst das schönste Geschenk sein, das du vom Leben bekommen kannst.

Schließlich wirst du verstehen, dass, wenn du in deiner Vorstellung die Schwelle zu wahrer Freiheit überschreitest, du allen Hass, alle Feindseligkeit und Wut, die du jemals in deinem Leben gefühlt hast, hinter dir lassen musst, damit du kein Gefangener deiner eigenen Vorurteile wirst.

Ich kann dir in aller Demut und mit offenem Herzen berichten, dass ich bis zu dem Tag, an dem ich schließlich alle negativen Gefühle und Gedanken zurückgelassen hatte, nicht anfangen konnte, mir hier auf Erden mein eigenes Paradies zu erschaffen.

*

Vertrau mir! All diese wundervollen Momente des Lebens werden Teil deines täglichen Lebens sein. Es passiert ganz natürlich. Der Grund ist einfach, warum diese wundervollen Dinge ein Teil deines ganzen Lebens werden. Es ist keine Magie und es bedarf keiner schwierigen Erklärungen.

Es ist wirklich einfach: Erinnerst du dich an den Tag vor sehr langer Zeit, als du dich entschlossen hast, die Zwiebel deines Lebens zu häuten, um dein wahres Lächeln wiederzugewinnen, den wahren Sinn deines Lebens und deiner Träume?

Nun, mein seelenverwandter Freund, du kannst es glauben oder nicht, gerade hast du das Enthäuten der Zwiebel beendet. Du hast es schließlich geschafft, die letzte Schicht zu entfernen. Jetzt bist du also endlich in der Lage, das Samenkorn zu sehen, etwas, das du sehr lange Zeit nicht sehen konntest …

Inzwischen hast du sicherlich bemerkt, dass eine Zwiebel keinen Samen im Inneren hat, aber du kannst ihn dir vorstellen. Er entspricht genau dem Tag, an dem du deine Augen auf diesem wunderbaren Planeten, den wir Erde nennen, zum ersten Mal geöffnet hast. Doch achte diesmal gut darauf, dass du deinen imaginären Samen, den ich die Stimme deines Herzens nenne, als den kostbarsten Schatz deines Lebens schützt. Dieser Samen, das bist du, immer noch unberührt. Leg ihn nun also achtsam in das Schatzkästchen, in dem du das Foto des Kindes aufbewahrst, das du wieder zu sein beginnst.

Bewahre beides in deinem Herzen, an einem sicheren Ort, wo du es erreichen, aber nicht berühren kannst.

Beginnst du jetzt, wo du weißt, dass du nicht allein bist, dass die neue Welt mit all ihren Möglichkeiten nur eine andere Schöpfung der Menschheit ist, dein wahres Lächeln zurückzugewinnen?

Kannst du diesem ganz normalen Menschen vertrauen, wenn er dir sagt, dass das, was mit ihm geschehen ist, mit Millionen von Menschen auf der ganzen Erde geschieht? Und denke daran: Ich habe es mit eigenen Augen gesehen!

Beginnst du, deine Wunden zu heilen, zu vergeben und zu vergessen und das Leben als wundervolle Reise, die es immer noch wert ist, gelebt zu werden, mit all ihren Höhen und Tiefen zu akzeptieren?

Bist du bereit, dich auf eine magische Reise zu begeben, die dich an Orte und zu Gefühlen führen wird, von denen du niemals erwartet hast, dass du sie sehen oder fühlen könntest?

Wirst du in Zukunft Verantwortung nicht mehr als Last betrachten, sondern als Gelegenheit, das Richtige zu tun, und zwar mit einem wahren Lächeln im Gesicht, das deinem Leben einen Sinn gibt und deine Existenz mit Freude erfüllt?

Wenn deine Antwort wenigstens auf eine dieser Fragen JA ist, dann vertraue mir und folge dem weniger ausgetretenen Weg mit Akzeptanz, in Demut und absoluter Ehrlichkeit. Dann lebst du ein so schönes und einzigartiges Leben, dass du erkennen wirst, dass deine Einzigartigkeit aus reiner Liebe geschaffen wurde, und das morgen ein besserer Tag sein wird als heute!

KAPITEL 12

Geben ist wichtiger als Nehmen

⁂

Wir bekommen viel mehr,
wenn wir geben!

Die Gesetze des Universums funktionieren manchmal auf eigenartige, jedoch wundervolle Art und Weise. Manche nennen es Karma, andere nennen es positives Denken. Es gibt eine Reihe von Bezeichnungen für das, was uns wahrhaft menschlich macht: Etwas zu geben, ohne eine Gegenleistung zu erwarten.

Wir leben in einer Gesellschaft, in der die Mehrzahl der Menschen an ihr eigenes Wohlbefinden denkt und möglichst nur nehmen möchte, bevor sie daran denkt, was andere eventuell mehr brauchen als sie selbst. In dieser habgierigen und konkurrierenden Welt, in der Gott für einige Leute ein Stück grün angemaltes Papier ist, haben wir uns selbst unsere Menschlichkeit aberkannt.

Thanksgiving ist in den USA eine der wichtigsten Traditionen, eine Zeit zum Feiern, während der wir uns daran erinnern, wie zwei absolut unterschiedliche Kulturen das Geschenk des Gebens und des Teilens feierten. Der große Unterschied zwischen dieser Feier und anderen (Nikolaus,

Ostern oder Weihnachten) besteht darin, dass diese Tradition aus einer wahren, gut dokumentierten Geschichte heraus entsprang. Und aus diesem Grund könnte sie über eine Tradition hinausgehend als Prinzip definiert werden: Geben bedeutet, mit dem anderen zu denken und zu fühlen, und nichts weiter.

Warum versuchen wir nicht zu erkennen, dass Thanksgiving etwas sein könnte, das wir an jedem Tag unseres Lebens praktizieren sollten? Warum sollte Muttertag oder auch Vatertag nicht an jedem Tag des Jahres gefeiert werden?

Warum können wir unsere eigene Welt nicht in eine Welt des Gebens verwandeln, möglichst an jedem Tag unseres Lebens?

Es gibt auf der ganzen Welt zweifelhafte Interessen, die versuchen, diesen Traum fast unmöglich zu machen. Alle diese undurchsichtigen Interessen können mit zwei oder drei Worten benannt werden: Habgier, Macht und sogar auch Politik.

Ich, der zwar in einer westlichen Gesellschaft geboren wurde, jedoch kein US-Bürger bin, verstehe nicht, wie ein Land mit eigentlich positiven Werten sich daran gewöhnen konnte, täglich in der Zeitung zu lesen, wie Kinder andere Kinder und sogar ihre Lehrer erschießen beziehungsweise auf andere Art töten. Das sind Nachrichten, an die sich viele Menschen inzwischen gewöhnt haben.

Wie können einige der Städte des mächtigsten Landes der Welt zu den gefährlichsten Städten der Welt gehören? Wann ist das alles dermaßen ausgeartet? Wann haben die Menschen aufgehört, sich um andere zu kümmern? Wann haben sie begonnen, in solch einer schrecklichen Situation wegzuschauen?

Während meines letzten Besuchs in den Staaten wurde ich von einem Polizisten angehalten, weil ich die Geschwindigkeitsbegrenzung überschritten hatte. Das war zweifellos mein Fehler. Ich verdiente einen Strafzettel für zu schnelles Fahren. Doch was mich schockierte, war die Art und Weise, wie der Polizist sich verhielt. Ich parkte mein Auto und er parkte hinter mir. Ich nahm meinen Führerschein und meinen Pass aus der Brieftasche und öffnete die Tür des Wagens.

Plötzlich hörte ich von irgendwoher eine strenge Stimme: »Bleiben Sie im Auto!«

Nach anfänglichem Schock tat ich, was der Polizist sagte. Durch mein Rückfenster sah ich, dass er auf mich zukam. Doch er sah nicht wie ein normaler Polizist aus. Er sah eher wie ein Typ aus dem Film *RoboCop* aus. Ich denke nicht, dass er eine Handgranate dabeihatte. Doch ich konnte ganz klar erkennen, dass er das Sicherheitsschloss seiner Pistole gelöst hatte.

Er rief jemanden an, wahrscheinlich wegen meines Nummernschildes. Er trug einen Gürtel mit Pfefferspray, einer zweiten Pistole und Handschellen. Und er hatte ein Gesicht, das mich anstarrte, als ob ich ein Krimineller wäre, der gerade aus dem Gefängnis ausgebrochen ist. Er kam auf mich zu: »Kann ich Ihren Führerschein sehen?«

»Natürlich, Herr Wachtmeister, warum nicht?« Ich wollte ihm gerade meinen Führerschein geben, als er noch einmal schrie: »Halten Sie Ihre Hände dahin, wo ich sie sehen kann!«

Bisher hatte ich in Australien gelebt, wo nur sehr wenige Polizisten eine Pistole benutzen. Sie verhalten sich dort eher wie Freunde, wie ich es auch in Europa und in vielen anderen Ländern erlebt habe, wo Polizisten Menschen sind, die da sind, um dir zu helfen, auch wenn du die Geschwindigkeitsbegrenzung überschritten hast. Hier hatte ich hingegen das Gefühl, in einem Kriegsgebiet zu sein.

Aber im Moment wirklichen Verstehens hatte ich plötzlich keine Angst mehr.

»Sie sind in einer 50-Meilen-Zone 60 Meilen pro Stunde gefahren«, sagte er.

»Da haben Sie vollkommen recht«, antwortete ich ihm. »Bitte akzeptieren Sie meine Entschuldigung und verordnen Sie mir das verdiente Bußgeld. Ich verspreche, Ihnen dass ich das nächste Mal besser aufpassen werde.«

Dann passierte plötzlich etwas ganz Erstaunliches. Der harte, raue RoboCop veränderte sein Verhalten total. Er hörte meinen australischen Akzent und fragte: »Sie sind nicht von hier, stimmt's?«

»Nein, mein Herr«, antwortete ich. »Ich bin ein australischer Tourist, der durch Ihr wunderschönes Land fährt.«

Was dann passierte, war unglaublich. Wir redeten vermutlich etwa fünfzehn Minuten oder länger miteinander. Er beschrieb mir den Weg zu Orten in der Nähe meines Standortes, die er vorschlug zu besuchen. Er hatte sich urplötzlich in einen wundervollen Menschen verwandelt. Ich hatte das Gefühl, dass er sich danach sehnte, mir den wahren Menschen zu zeigen, der in seiner RoboCop-Weste lebte.

Nach fünfzehn Minuten eines wirklichen menschlichen Gesprächs gab ich ihm meine Karte, nur für den Fall, dass er einmal nach Australien kommen würde.

»Danke«, sagte er.

»Sie sind mir mehr als willkommen.« Wir gaben uns die Hand, und einen Moment lang war er ganz still. »Zum Teufel noch mal!«, sagte er. »Diesmal stelle ich keinen Strafzettel aus. Doch bitte, respektieren Sie die Geschwindigkeitsbegrenzungen.«

»Ich verspreche es. Ein Versprechen ist ein Versprechen«, sagte ich. »Ich danke Ihnen dafür, dass Sie ein Gentlemen waren.«

Er lächelte, schüttelte meine Hand und sagte schließlich: »Genießen Sie die Aussicht!«

So, mancher mag sich vielleicht fragen, was diese Geschichte mit dem Thema dieses Kapitels zu tun hat. Das ist leicht zu erklären. Mit jeder Handlung, bei der wir unsere Menschlichkeit über alles andere stellen, kommen wir zu demselben Ergebnis:

Es geht darum zu geben, ohne etwas dafür zurückhaben zu wollen.

Letztendlich wirst du immer mehr bekommen,
als du gegeben hast!

KAPITEL 13

Der Schlüssel zum Glück

Spiritualität, so ich sie verstehe, ist die Lösung zu ewig währendem Frieden

*

Von materiellen Ketten befreit,
werden wir das Wunder des Lebens
schließlich verstehen.

Wir können unsere Seele nicht mit Freude und Glück füllen, solange wir sie nicht von allem, was uns belastet, entleert haben. Die meisten dieser Belastungen entstanden durch die Gesellschaft, an die wir glauben, weil wir uns eines Tages vor vielen Jahren entschieden haben, die Regeln dieser Gesellschaft als »heilig« zu betrachten. Und daher lassen wir es zu, dass andere unsere Welt regieren, anstatt zu erkennen, dass die Gesetze des Universums niemals erschaffen wurden. Sie waren schon immer da, um beachtet zu werden. Wir sollten an jedem Tag unseres Lebens von den kleinen Siegen und Niederlagen unseres Lebens lernen. Wir sind in einen Körper gehüllt, der unsere Einzigartigkeit und unsere Seele an einem guten und sicheren Ort bewahrt. Unser Körper wird im Laufe der Jahre langsam verfallen, doch unsere Seele kann, wenn wir das wünschen, immer weiter wachsen.

Du setzt dich in dieser konkurrierenden Welt so viel Druck aus, dass du manchmal vergisst, dass du diese Welt genau so verlassen wirst, wie du gekommen bist, nämlich allein.

Setzen wir unsere Seele an die erste Stelle, werden wir lächeln, wenn wir diese Welt verlassen müssen, genauso wie zum Zeitpunkt unserer Ankunft. Doch die Zeit dazwischen, von der Geburt bis zu unserem Tod, liegt ganz in unseren Händen.

An dieser Stelle tritt die magische Frage auf: Was ist Spiritualität? Den Gottesdienst zu besuchen oder zu beten?

Wir haben sicherlich alle unterschiedliche Vorstellungen davon, worum es bei der Spiritualität geht. Ich denke, es ist die Verbindung des Unberührbaren mit dem Flüstern Gottes; die Art und Weise, wie du an ihn glaubst; die schmale Schicht, in der alles, was wir sehen, berühren oder riechen können, keine Bedeutung hat, ein Vakuum, ein leerer Raum, der mit bedingungsloser Liebe, Glück und allem anderen Positiven erfüllt ist. In unserer Seele ist kein Platz für Worte wie Hass, Neid, Rache, Habgier oder Ähnlichem. Diese negativen Einstellungen können den lichten Wall des Geistes nicht durchbrechen, weil sie Erfindungen der Gesellschaft sind, die sich weit unter der geistigen Welt befindet.

Ich persönlich habe mich Gott am nächsten gefühlt, als ich einem 45 Tonnen schweren Buckelwal in die Augen sah. Das war das Größte, was ich je zu Gott empfunden habe. Ich starrte in die Augen eines Giganten, eines sanften Giganten, und beobachtete, wie er mich ansah, freundlich, vollkommen ohne Aggression. Sein Auge war fast so groß wie mein Kopf. Ich fühlte mich so klein, doch gleichzeitig auch so kostbar, so einzigartig.

Ich hatte alles riskiert, obwohl mir immer wieder gesagt wurde, dass ich es nicht wagen sollte. Doch indem ich meine Ängste überwand und akzeptierte, dass ich eine risikoreiche Entscheidung getroffen hatte, erkannte ich später, dass ich nichts zu befürchten hatte. Und das brachte mich dazu, zu erkennen, dass wir wahrscheinlich in der einzigen Gesellschaft leben, in der die meisten von uns immer noch Angst vor dem Sterben haben.

*

In fast allen Religionen können wir beobachten, dass der Tod – vom Hinduismus bis zum Buddhismus – eine Feier des Lebens ist. Dort bedauern die Menschen diejenigen nicht, die diese Welt bereits verlassen haben. Sie feiern ihr Leben und der Tod ist nur ein Übergang von der materiellen in die geistige Welt.

Versteht mich nicht falsch, niemand möchte gern sterben. Aber es ist die Angst vor dem Tod, die nicht zulässt, dass wir das Leben voll auskosten. Für ein erfülltes Leben brauchen wir nur zu akzeptieren, dass der Tod ein Teil des Lebens ist. Er ist der letztendliche Sieg des Geistes über den menschlichen Körper und den Verstand.

Wenn wir unser Leben so leben, dass es sich anfühlt, als ob wir in einer Lebensspanne hundert Leben gelebt hätten; wenn wir wissen, dass wir nichts unversucht gelassen haben;

wenn wir uns mit dem Wissen, dass wir die meisten Träume unseres Lebens erfüllt haben, entspannen können, und dass wir für die Träume, die wir nie verwirklichen konnten, wenigstens unser Bestes gegeben haben, dann gibt es keinen Grund, etwas zu bereuen.

Je weniger materiell wir sind, desto spiritueller werden wir. Höre nicht auf den Lärm, höre nicht auf die negativen Leute und nicht auf die Kritiker, halte dich von giftigen Menschen fern und mache einfach dein Ding! Kein Jammern, kein Klagen, keine Entschuldigungen! Schaffe jeden Tag etwas, was dir wirklich Angst bereitet. Und denke niemals, dass du keinen Traum zu träumen hättest, denn Selbstgefälligkeit ist der Tod.

*

Die Welt verändert sich und jagt schneller und schneller dahin. Die Entwicklung der Technologie schreitet mit einer rasenden Geschwindigkeit voran. Stellen wir uns nur einmal vor, dass das Farbfernsehen vor sechzig Jahren noch undenkbar war, dass wir, um mit unseren Liebsten zu kommunizieren, Briefe schreiben mussten, die Tage brauchten, um am Ziel anzukommen. Erinnern wir uns an eine Serie, die die Welt in den Sechziger- und Siebzigerjahren bewegt hat: *Star Trek*, der erste Film von einem Raumschiff, das auf der Suche nach neuen Galaxien und außerirdischem Leben durch das Universum flog. Diese Serie gibt es immer noch. Es ist unglaublich, wie viele Dinge, die damals noch unvorstellbar waren, heute Teil unseres täglichen Lebens sind, Türen zum

Beispiel, die sich öffnen, ohne dass wir sie berühren. Es gab Krankheiten, die damals noch nicht geheilt werden konnten, wohl aber im Film und heute in unserer realen Welt. So wurden in dem Film Laserpistolen anstatt der gewöhnlichen benutzt. Es gab Operationen, bei denen man den Körper nicht öffnen musste, was durch Laparoskopie und andere Methoden heute zum Teil möglich ist. Die Computer, die das Raumschiff bedient haben, sehen im Vergleich zu den heutigen Computern antik aus.

Hat die Technologie unser Leben zum Guten oder zum Schlechten verändert? Das hängt davon ab, wie wir sie nutzen. Doch etwas ist geblieben, und das ist unser Glaube an das Leben nach dem Tod. Man kann Agnostiker, gläubig oder Atheist sein. Das spielt keine Rolle, denn früher oder später müssen wir alle die Tür durchschreiten, die wir Sterben nennen. Und dann werden wir die Wahrheit herausfinden.

Albert Einstein hat einmal gesagt:

Jeder, der ernsthaft an der Entwicklung der Wissenschaft beteiligt ist, wird davon überzeugt, dass sich in den Gesetzen des Universums ein Bewusstsein widerspiegelt, ein Geist, der dem menschlichen weit überlegen ist, angesichts dessen wir mit unseren bescheidenen Möglichkeiten Demut empfinden müssen.

Glaubst du diesen Worten?

Ich glaube ihnen. Nicht, weil sie von Einstein stammen, sondern weil ich dank meiner eigenen Reise durch das Leben und den engen Kontakt zur Natur, frei von materiellen Ketten, die Gegenwart von etwas viel Größerem als irgendetwas Nennbarem fühlen kann. Es ist die spirituelle Energie, die unsere heutige Raum-Zeit auf irgendeine Art und Weise erschaffen hat. Ich ziehe es vor, dieses wundervolle Gefühl nicht zu benennen. Ich respektiere alle Religionen. Im Moment jedoch möchte ich keiner angehören.

Ich brauche nur in die sternenklare Nacht zu schauen, um zu erkennen, dass alles sinnvoll ist. Ich benötige nur eine Welle, dann erscheint mir die nackte Wahrheit in Form eines geistigen Gefühls, dass ich nicht mit Worten beschreiben kann. Warum sollte ich versuchen zu erklären, was ich fühle, wenn ich genau weiß, dass das, was ich fühle, real ist?

Ich ziehe es vor, es auf sich beruhen zu lassen. Es gibt eine Verbindung zwischen meinem materiellen Körper und der Seele, die mir einen Frieden gibt wie nichts anderes auf der Welt.

In letzter Zeit wurde viel über die sogenannte Urknall-Theorie gesprochen. Vielleicht entspricht sie der Wahrheit? Wenn du allerdings wirklich anfängst, darüber nachzudenken, beweist das letztendlich nichts.

Man sagt, dass das Universum sich ausdehnt. Kann sein. Doch welche Relevanz hat diese Aussage für uns, was sagt sie aus? Sie steht nur für sich selbst. Ich ziehe es vor, die Dinge in ihrer Einfachheit zu bewahren.

Schließlich habe ich gelernt, dass wir, wenn wir etwas verkomplizieren, genau an dem Punkt sind, an dem wir vergessen, wer wir wirklich sind!

Ich bin zutiefst davon überzeugt, dass sich die Wissenschaft und die Spiritualität eines Tages verbinden werden. Ich glaube, wenn wir diese beiden völlig verschiedenen Pfade verfolgen, dann werden beide Wege letztendlich in derselben Antwort enden. Das ist etwas, das wir als Kinder bereits wussten, jedoch irgendwie wieder vergessen haben.

KAPITEL 14

Leben mit der Natur

Die wunderbarste Heilung findest du in der Natur

*

Die heilende Kraft der Natur erfährst du am besten weit entfernt von Menschenmengen. Dort entdeckst du eine makellose, von Menschen unberührte Welt, und dann wirst du zum ersten Mal erkennen, wie die Welt wirklich ist.

Wer einmal das Glück hatte, die heilende Kraft der Natur zu entdecken, wird die Welt mit anderen Augen sehen.

Hast du je die Magie im Wechsel der Jahreszeiten erfahren?

Hast du jemals den Regen geküsst?

Hast du jemals der Musik der Stille gelauscht?

Hast du jemals auf die Worte gehört, die ein starker Wind deinem Herzen zuflüstert?

Hast du jemals einen alten Baum umarmt?

Die Natur ist vermutlich eines der größten Geschenke, die das Leben uns gegeben hat. Ihre Komplexität und gleichzeitige Einfachheit schenkt uns die kraftvollste Unterstützung, um dem Hamsterrad, dem »Käfig« zu entfliehen. Sie gibt uns letztendlich auch den Anstoß, unser ganzes Leben neu zu definieren, noch einmal von null anzufangen und uns auf eine Reise zu begeben, die wahres Glücklichsein bedeutet.

Wie ist es möglich, dass wir stundenlang ins Feuer starren oder über das Meer blicken können? Warum gibt uns eine sternenklare Nacht ein Gefühl der Ruhe, die wir nirgendwo anders finden können? Wenn du den Mut hast, im Ozean zu tauchen, wirst du feststellen, dass plötzlich alle Gedanken aus deinem Kopf verschwunden sind, und du eine unvorstellbare Welt entdecken wirst, die schon immer da war.

Warum lächeln wir automatisch, sobald wir Delfine oder Wale nur beobachten? Wie Kinder werden wir dabei von einem Gefühl heiterer Gelassenheit überwältigt, das uns diese wunderschönen Geschöpfe vermitteln. So ein schöner Moment mag vielleicht nur eine Sekunde anhalten, doch die Erinnerung daran wird uns ein Leben lang begleiten.

Die Natur selbst ist eine völlig andere Welt als die Gesellschaft, in der wir leben. Der menschliche Körper besteht zu mehr als siebzig Prozent aus salzigem Wasser. Wenn wir im Ozean schwimmen, dann ist das so, als ob wir zu unseren Wurzeln zurückkehrten, an den Ort, aus dem wir kamen, bevor wir begannen, auf trockenem Land zu gehen.

In dieser verrückten Welt hören wir nie auf, von einem Ort zum anderen zu rennen, ohne zu wissen, wo wir eigentlich hingehen. Die Natur ist ein Bereich, in dem sich alles in seiner natürlichen Geschwindigkeit bewegt. Die Blumen blühen im Frühling. Die Blätter fallen im Herbst. Und alle lebenden Geschöpfe wissen genau, wann sie ihr Nest bauen müssen oder sich fortpflanzen. So warten sie geduldig, bis der Frühling oder der Sommer gekommen ist. Das ist der Fluss des Lebens in seiner vollkommensten Harmonie.

*

Der Tag, an dem ich mich entschied, all meinen materiellen Besitz wegzugeben und die Gesellschaft zu verlassen, nur um der Natur und dem Ozean, den ich so liebe, nahe zu sein, war kein leichter Tag. Es war der Tag einer schwierigen Entscheidung. Zuerst musste ich meinen Geist und meinen Verstand leeren, ihn von all den Dingen befreien, von denen ich gelernt hatte, dass ich sie brauche, um glücklich sein zu können. Letztendlich erkannte ich, dass mein altes Vierradauto, mein Surfbrett, meine Gitarre, meine Träume und mein Laptop alles waren, was ich zu meinem Glück brauchte. Die Stimme meines Herzens hatte sich schon so lange danach gesehnt, mir etwas zu erzählen. Das wollte ich aufschreiben.

Das war keine leichte Entscheidung. Aber ich glaube, das größte Risiko im Leben ist eher, nichts zu riskieren. Was war das Schlimmste, das hätte passieren können? An den Ort zurückzugehen, den ich verlassen hatte. Das war alles. Ich weiß jedoch, dass ich es mir nicht hätte vergeben können, wenn ich es nicht wenigstens versucht hätte.

*

Zwei Jahre später, ich hatte mir inzwischen ein kleines Hexenhaus mit einem unbezahlbaren Blick über den Ozean gebaut, war ich von Vögeln umgeben, die jeden Tag zu meinem Häuschen kamen, nur um mich zu begrüßen. Ich erlebte das Wunder, mein eigenes Gemüse anzubauen und es wachsen zu sehen. Ich schwamm mit Delfinen, mit Walen, mit gigantischen Mantarochen und mit allen Geschöpfen, die ich jetzt meine wahren Brüder nenne.

Schließlich verstand ich, warum ich mein Leben lang immer gegen den Strom geschwommen war, gegen den Status Quo: Tiere verurteilen dich nicht. Die Natur beurteilt dich nicht. Worte wie Neid, Habgier, Rache, Hass, Konkurrenz und viele andere sind nur ein Teil meiner Vergangenheit. Ich habe sie von der Festplatte meines Gehirns gelöscht. Das fühlt sich sooo gut an! Ich schaue stundenlang über die Wellen und mache, was geschäftige Leute Zeitverschwendung und Vergeudung des Lebens nennen. Wenn sie nur fühlen könnten, was ich fühle …

*

Während ich diese Worte schreibe, die direkt aus meiner Seele kommen, sitze ich auf der Veranda meines kleinen »Hauses des Lichts« und schlürfe einen köstlichen, frisch aufgebrühten Kaffee. Hier bin ich von Bäumen umgeben, die ich selbst gepflanzt habe, und die mich jetzt, als ob sie »Danke« sagen wollten, mit ihrem Schatten liebkosen. Ich lausche den wundervollen Gesängen der Vögel, die sich in diesen eingerichtet haben. Vor mir erstreckt sich ein endloser, smaragdgrüner Ozean, der mir ein Gefühl der Weite gibt. Jetzt verstehe ich, dass die Welt mein Zuhause ist.

Echsen, farbige Geckos, wunderschöne rote Krebse, Schmetterlinge in allen Farben wie auch wilde Pferde und Ziegen streunen hier frei herum. Sie wissen, was sie tun. Ich habe von ihnen gelernt. Von weit draußen am Horizont ruft mir ein Buckelwal zu, dass der Frühling gekommen ist. Ich benutze keine Uhr. Manchmal weiß ich nicht, welchen Wochentag wir haben. Spielt das wirklich eine Rolle?

Glaubt mir, ich bin kein fauler Mensch. Ich bin ein wirklich glücklicher Mensch. Ich schreibe. Das ist etwas, das ich liebe. Und ich gebe Motivationsseminare. Ich leite Veränderungen ein und kämpfe dafür, den Ozean zu retten. Ich bin zurückhaltend, in wahrer Demut. Ich liebe es, morgens zu meditieren. Und mindestens einmal täglich wiederhole ich das wundervolle Zitat, das mich immer daran erinnern wird, wie ich mein Leben leben kann:

Gott, gib mir die GELASSENHEIT, *Dinge hinzunehmen, die ich nicht ändern kann, den Mut, die Dinge zu verändern, die ich ändern kann, und die Weisheit, das eine vom anderen zu unterscheiden. (© AA)*

Ich habe meine Entscheidung getroffen. Und weil ich ein einfaches Leben lebe, meine Kosten reduziere und meinen finanziellen Verhältnissen entsprechend lebe, habe ich endlich die Seelenruhe gefunden, das Leben zu leben, das ich mir immer gewünscht habe.

Vielleicht ist diese Art zu leben nicht für jeden das Richtige, doch ganz bestimmt für mich. Wenn ich die heutige

Technologie weise nutze, kann ich mit meinen Freunden kommunizieren, kann lange Gespräche mit meinem Literaturagenten führen. Das Wunder, das wir Internet nennen, vereinfacht mir das Leben. Ich bezahle meine Rechnungen. Ich schulde niemandem auch nur einen Cent.

Ich werde niemals wieder etwas kaufen, das ich mir nicht leisten kann und mein Leben verpfänden. Ich kann mich nicht mehr daran erinnern, wann ich das letzte Mal eine Zeitung las. Ab und zu sehe ich fern, meistens abends, bevor ich schlafen gehe.

Ich möchte niemals vergessen, warum ich diese Entscheidung getroffen habe, alles zurückzulassen. In der Stille der Nacht schalte ich den Fernsehapparat dann aus und leere meinen Geist, bevor ich einschlafe. Ich habe keine Albträume mehr. Ich fühle ich mich absolut im Frieden. Wenn ich schlafe, träume ich fast nie. Aber wenn ich wach bin, träume ich mit Sicherheit ununterbrochen.

Bin ich manchmal traurig? Habe ich Probleme, wie jeder andere Mensch? Selbstverständlich. Der Unterschied ist nur, dass ich das Leben so akzeptiert habe, wie es ist. Der Schmerz der Traurigkeit überkommt mich ab und zu, dann nehme ich ihn an und weine, wenn es sein muss. Aber ich habe gelernt, dass so ein Tief früher oder später vorübergeht und die Sonne wieder scheinen wird.

Hin und wieder kommen verletzte Tiere zu meinem Häuschen und erinnern mich an die Verletzungen, die wir unserer Welt zufügen. Zum Beispiel eine Möwe mit einem Haken im Schnabel oder eine Schildkröte, die sich in einem

Fischernetz verfangen hatte. Wenn das passiert, lass ich alles stehen und liegen und versuche, ihre Wunden zu heilen. Anschließend kehren die Tiere in die Natur zurück. Schließlich habe ich gelernt, wenn man ein Leben rettet, dann rettet man ein ganzes Universum. Der Überlebenskampf ist für mich für immer zu Ende gegangen.

Ab und zu tauchen andere Tiere am Strand auf, ein Pelikan, ein Seelöwe oder vielleicht eine Seemöwe. Ich habe erfahren, dass sie ans Ufer kommen, weil sie wissen, dass ihr Leben dem Ende entgegengeht. Dann habe ich keine Angst, genauso wenig wie das alte Tier, das sich ans Ufer treiben lässt.

Sterben ist Teil des Lebens. Sicher, ich würde gern ewig weiter leben. Aber ich kann das Vorübereilen der Jahre nicht kontrollieren. Ich kann nur jeden Atemzug genießen und erkennen, dass jeder neue Tag ein Abenteuer ist, das in vollen Zügen gelebt werden möchte und wofür ich dankbar sein sollte. Vergiss niemals, der Traum ist, jung zu sterben, je älter du wirst!

Das Eintreten der Regenzeit ist ein Zeichen dafür, dass der Sommer gekommen ist. Wenn die Wale schließlich davonschwimmen, ist der Herbst gekommen. Und wenn die starken Südwinde beginnen, ist der Winter da.

Ich wünsche dir, dass du eines Tages fühlen und erleben kannst, was ich über die Bedeutung des Sinns, über wahre Freiheit und die glücklichen Zufälle entdeckt habe. Solltest du dich entscheiden, dass diese Art zu leben nichts für dich ist, wirst du dennoch ein Gewinner sein.

Je mehr parallele Welten du sehen und erfahren kannst, desto größer ist die Chance, das Leben zu wählen, das du leben möchtest. Reise, erlebe, was du niemals zuvor erlebt hast. Sei dir selbst gegenüber ehrlich und überlass der Stimme deines Herzens den Rest.

Glaube mir, du wirst es nie bereuen!

Gesegnet sind die Träumer, die Idealisten
und die Zärtlichen.
Gesegnet sind die Naiven, die Großartigen,
die nie den Wunsch verloren haben,
die Seele des Kindes zu fühlen.
Gesegnet sind diejenigen, die ihre Liebe
nicht aus Angst verschenken.
Gesegnet sind die furchtlosen Herzen!

ALBERT EINSTEIN

KAPITEL 15

Das Beste steht dir noch bevor

Egal wie alt wir sind, solange wir
die Spiritualität über die materiellen Fakten stellen,
werden wir uns immer jung fühlen.
Wenn wir das Kind, das in unserem Herzen wohnt
niemals vergessen und auf seine Stimme hören,
werden wir endlich den Frieden finden, den man spüren kann
und der unserem Leben die Richtung weist,
nach der wir schon immer verzweifelt gesucht haben.

Für mich war dies eine Reise, die 55 Jahre gedauert hat, 55 Jahre ohne Bedauern. Wenn ich die Uhr zurückstellen könnte, würde ich genauso handeln. Ich musste meine Fehler machen. Ich brauchte den großen Tiefpunkt, um zu erkennen, dass die einzige Straße, die ich verlassen hatte, nach oben führte. Natürlich bereue ich ein paar Dinge. Aber ich habe auch gelernt zu vergeben und zu vergessen. – Ich schätze, dass dies die einzige Möglichkeit ist, zu lernen und besser zu werden.

*

Wenn du möchtest, sind alle Jahreszeiten deines Lebens schön. Glücklich zu sein ist ein Zustand des Geistes, der nur erreicht werden kann, wenn du auf die Stimme deines Herzens hörst, wenn du dich an deine Träume erinnerst, und wenn du Fehler machst und daraus lernst. Ich warte immer noch auf die Krise, die bereits mit dreißig hätte beginnen können.

Ich habe mich endlich von allen materiellen Dingen befreit, die ich nie brauchte. Ich habe mein teures Appartement mit Blick über den Ozean in bester Wohnlage verkauft und die Stadt verlassen. Jetzt wohne ich an einem Ort, an dem jeden Tag die Sonne scheint. Ich bin von Vögeln und Schmetterlingen aller Art umgeben, von Echsen und Geckos. Und ein wilder Fuchs hat mein Zuhause auch als seins gewählt. Wunderschöne Pflanzen und Bäume bieten meiner Seele Zuflucht.

Ich habe einen wundervollen Sohn, der Daniel heißt. Er ist acht Jahre alt und das größte Geschenk meines Lebens. Wir lieben einander ohne irgendwelche Bedingungen. Wenn wir spielen, ist das die reinste Freude. Wenn er wütend wird, gebe ich ihm seinen Raum. Dann kommt er zwei Minuten später mit einem Lächeln zurück.

In fünf Minuten Entfernung mit dem Auto warten ein paar großartige Surfstellen auf mich. Von meinem Häuschen aus, in der Nähe des Strandes, kann ich das Brechen der Wellen, die Wale und die Delfine hören. Riesige Mantarochen und alle möglichen Farben von Fischen laden mich ein, mit ihnen zu spielen. Hier erkenne ich, dass die Wahrheit der Welt nichts mit der verdrehten Wahrheit der Gesellschaft zu tun hat, in die wir geboren wurden.

Ich fand die Liebe meines Lebens in einer Frau, die Ecaterina heißt. Und ich weiß, dass wir für den Rest unseres Lebens zusammenbleiben werden, bis einer von uns diese Welt verlässt. Jeden Tag, an dem wir aufwachen, verlieben wir uns aufs Neue ineinander.

Wir haben uns ein gegenseitiges Versprechen gegeben. Wenn einer von uns auf die andere Seite des Schleiers gehen muss, wird derjenige, der zurückbleibt, weiterhin all die Träume verwirklichen, die wir geträumt haben. Einer wird durch die Augen des anderen sehen. Denn wir haben entdeckt, dass wir nicht mehr wissen, wo einer von uns beginnt und der andere endet.

Jetzt weiß ich aus der Tiefe meines Herzens, dass mein Mathematiklehrer nicht recht hatte. Es kommen mehr als zwei dabei heraus. Das habe ich vom Leben gelernt, dem besten Lehrer, den wir jemals haben werden.

Ja, ich warte immer noch auf die Krise in der Lebensmitte. Inzwischen weiß ich, dass sie niemals kommen wird, weil ich verstanden habe, dass sie nur eine weitere Erfindung der modernen Gesellschaft ist. Wenn du glücklich bist mit deinem Leben und dich wohlfühlst, dann gibt es keinen Grund, dich zu irgendeiner Zeit deines Lebens nicht wohlzufühlen. Klar, wir alle haben Probleme. Sie sind ein Teil des Lebens. Doch was uns nicht umbringt, macht uns stärker. Akzeptanz ist das Schlüsselwort, das die Last von unseren Schultern nimmt.

Noch einmal, wie steht es mit dem Tod? Daran denke ich wirklich nicht. Er kann morgen kommen oder vielleicht erst in ein paar Jahrzehnten. Wenn wir den Tod als Teil des Lebens, genauso wie die Geburt als Eintritt in ein anderes Kapitel unseres gesamten Lebens, akzeptieren, dann werden wir frei sein zu leben, wie wir es uns wünschen – ohne Ketten, ohne Ängste und ohne »Klischees«.

Die wundervollsten Menschen in meinem Leben waren nicht die Reichen oder die Berühmten, es waren die mit grauen Haaren, vielleicht etwa Mitte siebzig oder achtzig. Es waren Menschen, die immer noch lachten wie Kinder, doch gleichzeitig ein langes, gut gelebtes Leben mit sich trugen. Sie hatten gelernt, einfach zu leben, darauf basierend, wer und was sie wirklich sind.

Das Alter verändert den Appetit. Natürlich spreche ich nicht von der Speisekarte eines schicken, französischen Restaurants, sondern von den Träumen, die uns weiterleben lassen, von Dingen, die uns davor bewahren, in der alltäglichen Routine stecken zu bleiben. In unserer Jugend waren wir von dem Lärm und der Eile der großen Städte gefangen und verführt. Doch in unserer dritten Lebensphase suchen wir Orte, die weniger aufregend sind. Ihr Frieden ist die Grundlage unseres Glücklichseins. Sie sind die wahren Gewinner der Welt. Die Älteren genießen das Leben mehr als irgendjemand sonst, weil sie viel weniger vom Leben erwarten.

Sie haben ihren Frieden mit dem Sterben schon vor langer Zeit gemacht und haben gelernt, die Demut, die kleinen Wunder des Lebens als die feinsten Schlückchen des besten Cognacs, den sie je probiert haben, wertzuschätzen. Sie lieben es, im Garten zu sitzen und einfach nur den Duft der

Blumen zu riechen. Sie haben gelernt, den Regen zu küssen und sich Zeit zu nehmen für ihre Enkelkinder. Sie machen sich noch einmal, so wie in den ersten Jahren ihres Lebens, in die Hose. Manchmal müssen sie Windeln benutzen und viele Pillen nehmen und Medizin, um ihre zarten Körper in Bewegung zu halten.

Es gibt ein Wunder, das kein Mensch in seinem Leben verpassen sollte, Auge in Auge mit den Alten zu sein, die Sterne zu sehen, die ihre Augen ersetzt haben, den Blick der Demut eines wohlgelebten Lebens voller glücklicher Erinnerungen. Es liegt ein ganz besonderer Frieden in diesen leuchtenden Sternen, die wir Augen nennen, die noch stärker nach innen scheinen. Diese Alten reden wenig, doch jedes ihrer Worte ist eine Lektion für sich. Ihre Herzen bewahren all die Geheimnisse und die Antworten dieser Reise, die wir Leben nennen.

Wir sollten Zeit mit ihnen verbringen, darauf hören, was sie zu sagen haben und still werden, wenn sie zum Horizont schauen.

Sie sind diejenigen, die wissen, wie man die Welt schließlich verlässt und stirbt: mit Würde, in dem Wissen, dass sie nichts ungetan ließen.

Sie sind die wahren Weisen, diejenigen, die schon vor langer Zeit verstanden haben, dass eine Tausenddollar-Uhr dieselbe Zeit anzeigt wie eine Dreißigdollar-Uhr, und dass ein Portemonnaie, das fünfhundert Dollar gekostet hat, dieselben Dinge fasst wie ein Portemonnaie, das dreißig Dollar gekostet hat.

Sie wissen, dass sich die Einsamkeit in einem sechzig Quadratmeter großen Haus genauso anfühlt wie in einem sechshundert Quadratmeter großen Haus.

Sie sind nicht mehr davon abhängig, was andere in ihnen sehen. Sie wissen, dass ihr Glück niemals auf die materiellen Dinge zurückzuführen ist, die sie besitzen.

Sie wissen es.

Sie sind die Glücklichen, diejenigen, die verstanden haben, dass, egal ob du in der ersten Klasse oder in der zweiten reist, du genauso zerschmettert wirst, wenn das Flugzeug abstürzt. Sie verstehen, dass unsere Ängste den Tod nicht verhindern werden. Und sie werden uns mit Sicherheit das Gefühl geben, dass wir viele Dinge in unserem Leben vermissen.

Doch vor allen Dingen haben sie gelernt, dass, wenn sie geben, sie es auch wieder vergessen. Und wenn sie etwas empfangen haben, dann werden sie das nie vergessen.

EPILOG

Ein paar abschließende Worte

Denen, die hier angelangt sind und das Buch noch nicht geschlossen haben, bin ich dankbar dafür, dass ich meine Gedanken und Erfahrungen mit ihnen teilen durfte: Die Geschichte eines demütigen, 55 Jahre alten Kindes, das sich eines Tages, vor vielen Jahren, entschied, nachdem es entdeckt hatte, dass wahres Glücklichsein etwas ganz anderes ist als einfach nur »Spaß zu haben«, einen weniger ausgetretenen Weg zu gehen.

Ich hatte verstanden, dass Spaß zu haben nichts damit zu tun hat, das eigene Leben zu genießen. Ich verstand, dass alle eine Mission zu erfüllen haben hier auf Erden, und dass wir alle einzigartig sind und lernen sollten, uns selbst so zu lieben wie wir sind. Sollten wir nicht mögen, was wir in uns sehen, dann haben wir immer die Chance, alles zum Besseren zu verändern. Ich habe eingesehen, dass Geben besser ist als Nehmen, und dass es das größte Geschenk unseres Lebens ist, anderen etwas zu geben, ohne den Wunsch, etwas zurückzuerhalten.

Ich selbst bin ein ganz normaler Mensch, der gelernt hat, dass uns die Wahrheit immer befreit. Ich reiste dreimal um die Erde und habe entdeckt, dass es keinen Unterschied macht, ob man mit einem einfachen Rucksack reist oder in luxuriösen Hotels absteigt. Wichtig ist, welche Mission man im Leben zu erfüllen hat.

Und dass man sich letztendlich davon befreit, wenn man gewesen ist, was die Gesellschaft einen erfolgreichen oder berühmten Menschen nennt. Dann gilt es, die harte Entscheidung zu treffen, die aus dem Herzen kommt.

Ja, meine lieben Leser, ich war da und habe es getan. Ich habe geweint, gelächelt, gelitten, alle möglichen Fehler gemacht, und, wie jeder andere Mensch, viele Momente sehr genossen. Ich habe gelernt, mir selbst gegenüber ehrlich zu sein.

Jedes Wort, das in diesem Buch geschrieben steht, spiegelt einen Teil meines Lebens oder kommt aus der Stimme meines Herzens.

Ich habe nichts, was in diesem Buch steht, erfunden. Es basiert auf der wahren Geschichte meiner bisherigen Lebenszeit.

*

Unmittelbar bevor ich jetzt aufhöre, möchte ich euch allen gern ein kleines Geheimnis verraten. Wisst ihr, was ich noch gelernt habe, wenigstens für mich?

Dass ich die besten Jahre meines Lebens noch vor mir habe, frei von jeglicher Art von Dogma, Vorurteilen oder Regeln, die nirgendwo hinführen. Ohne Anhaftung an materiellem Besitz fühle ich mich frei. Ich weiß, wer ich bin. Ich bin nicht mehr im Käfig, aber ich kann ihn von meinem Standpunkt aus beobachten. Ich kenne den Sinn und Zweck meines Lebens. *Ich liebe mein Leben.*

Ich kann in vollkommener Demut sagen, dass es wahr ist, dass ich glücklich bin. *Ich wünsche nichts mehr.* Und das ist der Grund dafür, dass ich so sicher bin, dass die besten Jahre meines Lebens erst noch kommen.

Ich habe gelernt, nichts zu erwarten. So ist jeder neue Tag ein Geschenk, das ich mit freiem Willen leben kann. Ich habe meinen Teil dazu beigetragen. Der Rest wird einfach die Konsequenz daraus sein.

Das Licht einer Kerze kann immer das Licht einer anderen Kerze anzünden … deine vielleicht? Und eines Tages wird deine Kerze die Kerze eines anderen Menschen entfachen …

Ich hoffe, du wirst deinen eigenen einzigartigen Weg finden. Wenn du ihn bereits gefunden hast, dann werden ein einfacher Mensch und das Universum wirklich glücklich über dich sein.

Hast du ihn noch nicht gefunden, ist es niemals zu spät, innezuhalten, dich neu zu beleben, zu überleben und noch einmal von vorn anzufangen.

*

Warst du in der Lage, dir einen arbeitsfreien Tag zu erlauben? Hat sich etwas verändert, als du deine Arbeit am nächsten Tag wieder aufgenommen hast? Wenn du es ausprobiert hast, dann weißt du es jetzt. Wenn du es nicht getan hast, dann wirst du es niemals wissen …

Ich hoffe, dass du dadurch erkannt hast, dass sie dich brauchen, du sie aber nicht. Und ich wünsche mir, dass du inzwischen über die Worte dieses Träumers nachdenkst, und dass sie das Kind, das du immer sein wirst, zum Lächeln bringen werden. Lass es wieder frei herumlaufen! Es wird für immer dein bester Lehrer sein.

Du musst kein Einsiedler werden. Du musst nur lernen, du selbst zu sein. Dann werden viele Menschen deine Einzigartigkeit bewundern.

*

An dem Tag, an dem du geboren wurdest, bekamst du einen leeren Rahmen. Was auch immer du im Laufe deines Lebens auf die weiße Leinwand malst, wird zu den Erinnerungen hinzukommen, die du als Geschenk auf diesem wunderschönen Planeten, den wir Erde nennen, zurücklässt. Sie werden auch das Einzige sein, was du mitnehmen kannst, wenn du dich dereinst schließlich von deinem menschlichen Körper befreist.

Ich gebe dir ein Versprechen:

Wenn du schließlich erreicht hast, wirklich glücklich zu sein und deine Träume und das Leben, dass du immer schon leben wolltest, verwirklicht hast, dann wirst du alles, was du siehst und fühlst, nicht nur mögen, du wirst es lieben, und zwar für immer …

Träume es … tue es … Es ist getan!

Ein wahrer Träumer

Über den Autor

Sergio Bambaren wurde 1960 in Peru geboren, und studierte in den USA Chemotechnik.

Die Suche nach der perfekten Welle führte den passionierten Surfer um die ganze Welt. Mit seinem ersten Buch *Der träumende Delphin* gelang ihm auf Anhieb ein internationaler Bestseller, der auch in Hollywood verfilmt wurde.

Er gab daraufhin seinen Ingenieurberuf auf und widmet sich seitdem ganz dem Schreiben und seiner Leidenschaft für das Meer. Bisher sind von ihm 22 Bücher in über 40 Sprachen erschienen, die alle Bestseller und millionenfach verkauft wurden.

Nach längerem Aufenthalt in Sydney lebt Sergio Bambaren heute wieder in Lima. Er ist Vizepräsident der Umweltschutzorganisation »Mundo Azul«, und setzt sich auch als Motivationsspeaker und Referent für die Umwelt und den Erhalt der Meere ein.

Bibliografie

Auf Deutsch sind von Sergio Bambarén folgende Titel erschienen:

Ein Strand für meine Träume. Kabel, 1999, Piper, 2004.

Der träumende Delphin. Eine magische Reise zu dir selbst. Piper, 1999, 40. Auflage 2015.

Samantha. Eine Geschichte über Freundschaft. Giger, 2000; Piper, 2002.

Das weiße Segel. Wohin der Weg des Glücks dich trägt. Kabel, 2001; Piper, 2003.

Der Traum des Leuchtturmwärters. Ein Ort für deine Sehnsüchte. Piper, 2001, 2005.

Stella. Ein Weihnachtsmärchen. Kabel, 2002; Piper, 2010.

Die Botschaft des Meeres. Was dir die Wellen erzählen. Kabel, 2003; Piper 2008.

Die Zeit der Sternschnuppen. Piper, 2004, 2008.

Der kleine Seestern. Die Geschichte einer besonderen Mission. Piper, 2005, 2007.

Freundschafts-Schatztruhe. Giger, 2006.

Wer nichts riskiert. Cotton Cult, 2006.

Die Rose von Jericho. Die Geschichte eines Neuanfangs. Piper, 2006, 2008.

Die blaue Grotte. Die Geschichte einer besonderen Begegnung. Piper, 2007, 2009.
Ein Ort für unsere Träume. Piper, 2008
Die Bucht am Ende der Welt. Piper, 2008.
Höre nie auf zu träumen. Die schönsten Gedanken und Zitate. ArsEdition, 2009.
Die Heimkehr des träumenden Delphins. Piper, 2010, 2011.
Lieber Daniel. Briefe an meinen Sohn. Pendo, 2011.
Folge stets deinem Herzen. ArsEdition, 2011.
Alles hat seine Zeit. ArsEdition, 2011, 2015.
Der Delphin. Die Geschichte eines Träumers. Giger 2011.
Die beste Zeit ist jetzt. Ein Buch für Träumer. Pendo, 2012; Piper, 2013.
Das Leben ist eine Reise. ArsEdition, 2013, 2015.
Finde deinen Weg. ArsEdition, 2013, 2016.
Die Stunde der Wale. Eine abenteuerliche Reise. Pendo, 2013; Piper, 2014.
Die Weisheit deines Herzens. Ein Buch für Suchende. Pendo, 2014; Piper 2015.
Liebe kennt keine Grenzen. ArsEdition, 2014.
Das Leuchten der Wüste. Ein Buch für die Seele. Pendo, 2015; Piper, 2016.
Geh, wohin dein Weg dich führt. ArsEdition, 2015.
Folge stets deinem Herzen. ArsEdition, 2015.
Liebe ist unbeschreiblich. ArsEdition, 2015.
Zeit zum Träumen. ArsEdition, 2015.
Der Delfin. Die Geschichte eines Träumers, nacherzählt von Sabine Cuno. ArsEdition, 2016.

Das Fenster zur Sonne. Ein Buch für Freiheitsliebende. Pendo, 2016.

Höre nie auf zu träumen 2017: Postkartenkalender. ArsEdition, 2016.

Höre nie auf zu träumen 2017: Literaturkalender. Ars-Edition, 2016.

Höre nie auf zu träumen. Eine Sammlung der schönsten Zitate. ArsEdition, 2016.

Die Freundschafts-Schatztruhe von Sergio Bambaren

Mit dem Bestsellerbuch *Samantha,*
eine wunderbare
Geschichte über die
Freundschaft,
ein Buch für
jung und alt.

Sergio Bambaren
Freundschafts-Schatztruhe

Inhalt:
- Buch »Samantha«,
  64 Seiten, 18 Farbbilder, 10,5 × 14,8 cm;
- Stofftier Delfin mit Glitzerflossen;
- Muschel

ISBN 978-3-9523065-4-3

www.gigerverlag.ch

In der Fortsetzung seines ersten Buches *Stressfrei glücklich sein* beschreibt Bestsellerautor Alain Sutter, wie wir in allen Lebenslagen Stress reduzieren und unser körperliches Wohlbefinden steigern können.
Er berichtet anhand von Beispielen aus seiner Praxis als Coach, wie er Menschen begleitet, ein rundherum glückliches Leben zu führen, u. a. mit Messungen der Herzratenvariabilität (HRV), die zeigt, wie unser Organismus mit unserem Herzen kommuniziert und die Sprache des Herzens sichtbar macht. Das Buch enthält Übungen und Anleitungen für Atemtechniken, die das Lebensgefühl und Wohlbefinden steigern können.

Alain Sutter
Herzensangelegenheit
ISBN 978-3-906872-00-1